www.ingramcontent.com/pod-product-compliance
Lightning Source LLC
LaVergne TN
LVHW010552070526
838199LV00063BA/4957
9789358727517

فقہی تحقیقات

(حصہ اول)

(مجلہ 'بحث و نظر' [حیدرآباد] کے شماروں سے منتخب شدہ مضامین)

خالد سیف اللہ رحمانی

© Taemeer Publications LLC

Fiqhi Tahqeeqaat *(Essays)*

By: Khalid Saifullah Rahmani

Edition: November '2023

Publisher :

Taemeer Publications LLC (Michigan, USA / Hyderabad, India)

ISBN 978-93-5872-751-7

مصنف یا ناشر کی پیشگی اجازت کے بغیر اس کتاب کا کوئی بھی حصہ کسی بھی شکل میں بشمول ویب سائٹ پر اَپ لوڈنگ کے لیے استعمال نہ کیا جائے۔ نیز اس کتاب پر کسی بھی قسم کے تنازع کو نمٹانے کا اختیار صرف حیدرآباد (تلنگانہ) کی عدلیہ کو ہوگا۔

© تعمیر پبلی کیشنز

کتاب	:	**فقہی تحقیقات** (مضامین)
مصنف	:	**خالد سیف اللہ رحمانی**
صنف	:	مذہب
ناشر	:	تعمیر پبلی کیشنز (حیدرآباد، انڈیا)
سالِ اشاعت	:	۲۰۲۳ء
صفحات	:	۱۰۲
سرورق ڈیزائن	:	تعمیر ویب ڈیزائن

فہرست

(۱)	افتتاحیہ	6
(۲)	صحابہ اور ان کے آثار کی شرعی حیثیت	8
(۳)	کرنسی اور اموالِ تجارت کی زکوٰۃ کا معیار	19
(۴)	غیر مسلم ممالک کی عدالتوں سے طلاق کے فیصلے	34
(۵)	اتفاقی اور منصوبہ بند تورق	46
(۶)	مکان کے لئے سودی قرض کا حصول	58
(۷)	انشورنس اور مغربی ممالک	67
(۸)	مسلمان اور الیکشن	70
(۹)	حدیث: اصول، تخریج، تدریس	76
(۱۰)	تحقیق مخطوطات کی اہمیت	87
(۱۱)	موسوعہ فقہیہ اور اس کا اردو ترجمہ	94

بسم اللہ الرحمن الرحیم

افتتاحیہ

موجودہ دور کو تاریخ میں اس حیثیت سے یاد رکھا جائے گا کہ مغربی استعمار نے عالم اسلام اور خصوصاً عرب ممالک میں آمریت کے جو بت نصب کر دیئے تھے، جنھیں ہلانا اور جنبش دینا بھی دشوار تھا اب وہ ایک ایک کر کے اُکھاڑ پھینکے جا رہے ہیں، تیونس سے عیاش حکمراں زین العابدین بن علی نے راہِ فرار اختیار کی اور وہاں جمہوریت قائم ہونے کی بنا پر ایک اسلام پسند جماعت برسر اقتدار آسکی ، لیبیا میں کرنل معمر قذافی کی عبرت تاک موت کے ساتھ اس کے اقتدار کا خاتمہ ہو چکا، مصر میں حسنی مبارک عمر قید کی سزا پا رہے ہیں اور الاخوان المسلمون کی حکومت قابض ہو چکی ہے، یمن میں نامکمل انقلاب آیا، علی عبداللہ صالح کو اقتدار سے ہاتھ دھونا پڑا؛ لیکن ابھی بھی یہ ملک مکمل جمہوریت سے محروم ہے، شام میں کشمکش جاری ہے اور حقیقت یہ ہے کہ اگر مغرب کا در پردہ تعاون ساتھ نہ ہوتا تو بشار الاسد جیسے سفاک وغدار ڈکٹیٹر کا صفایا ہو چکا ہوتا۔

ان حالات میں اسلامی اور علمی نقطۂ نظر سے جو بات شدت سے محسوس کی جا رہی ہے، وہ یہ ہے کہ اسلام کے نظام سیاست پر ایسی کتابیں موجود نہیں ہیں، جو موجودہ دور کی ضرورتوں کو پوری کر سکتیں ، قرآن وحدیث میں بنیادی اُصولوں کی رہنمائی کی گئی ہے اور فقہاء نے اپنے عہد کی ضرورت کے لحاظ سے احکام کا استنباط کیا ہے ؛ لیکن '' خلافت علی منہاج النبوۃ'' جو اسلام کی نظر میں آئیڈیل نظام سیاست ہے، وہ بہت کم عرصہ قائم رہ سکا، بہت جلد خاندانی بادشاہت اور آمریت نے اس کی جگہ لے لی، اس لئے ہماری کتبِ فقہ میں اس باب کی اس درجہ تفصیل نہیں ملتی جیسا کہ عبادات، معاشرتی زندگی اور معاملات کے بارے میں ملتی ہے، ضرورت ہے کہ اہل علم اس طرف توجہ دیں اور موجودہ زمانہ کی ضروریات کو سامنے رکھتے ہوئے اس موضوع پر کام کریں، اسی سلسلہ کی ایک حقیر کوشش کے طور پر راقم الحروف نے معہد کے ایک فاضل کو اس موضوع پر کام حوالہ کیا ہے، خدا کرے وہ اسے بہتر طور پر انجام دے سکیں، یہاں اس تذکرہ کا مقصد صرف یہ ہے کہ اہل علم کے نقار خانہ میں طوطی کی یہ صدا ان اہم مسائل کی طرف توجہ کا ذریعہ بنے اور علماء اس پہلو پر غور فرمائیں۔

ان مضامین سے ’’صحابہ اوران کے آثار کی شرعی حیثیت‘‘ جامعہ اسلامیہ دارالعلوم حیدرآباد کی ’عظمت صحابہ کانفرنس‘ منعقدہ ۲۰۱۱ء کے لئے لکھا گیا تھا، ’’کرنسی اوراموال تجارت کی زکوٰۃ کے لئے معیار، غیر مسلم ممالک کی عدالتوں سے حاصل کی جانی والی طلاق اورتورق‘‘ نہایت اہم عصری مسائل ہیں، یہ تحریریں اسلامک فقہ اکیڈمی انڈیا کے سیمیناروں کے لئے لکھی گئی تھیں، ’’مکان کے لئے سودی قرض کاحصول، انشورنس اورغیر مسلم ممالک میں مسلمانوں کاالیکشن میں حصہ لینا‘‘ اس عہد کے ضروری مسائل ہیں، اسلامک فاؤنڈیشن ٹورنٹو (کناڈا) نے ایک فقہ کانفرنس منعقد کی تھی، جس میں بعض اورموضوعات بھی زیر بحث تھے، یہ حقیر اس کانفرنس میں شریک تو نہیں ہوسکا؛ لیکن اپنے مقالے بھیج دیئے تھے جو اس کتاب میں شامل ہیں۔ فقہی اعتبار سے یہ تمام ہی موضوعات بڑے اہم ہیں۔

خالد سیف اللہ رحمانی

۲۰؍شوال ۱۴۳۳ھ

۸؍ستمبر ۲۰۱۲ء

○ ○ ○

صحابہ اوران کے آثار کی شرعی حیثیت

''صحابی'' کے اصل معنی ساتھی اور رفیق کے ہیں ؛ لیکن یہ اسلام کی ایک مستقل اور اہم اصطلاح ہے، اصطلاحی طور پر صحابی کا اطلاق ان لوگوں پر ہوتا ہے جنھوں نے بحالت ایمان حضور ﷺ سے ملاقات کی ہو اور ایمان ہی کی حالت میں دنیا سے رخصت ہوئے ہوں، حدیث نبوی :

طوبى لمن رآني ولمن رأى من رآني . (۱)

خوش خبری ہو اس شخص کے لئے جس نے مجھ کو دیکھا اور اس کے لئے جس نے مجھے دیکھنے والوں کو دیکھا۔

سے بھی یہی واضح ہوتا ہے کہ صحابیت کے لئے ملاقات کافی ہے، یہ ضروری نہیں کہ رسول ﷺ کی طویل صحبت حاصل ہو یا اس نے حضور ﷺ سے کوئی روایت بھی نقل کی ہو، جیسا کہ بعض اہل علم کی رائے ہے؛ بلکہ سعید بن مسیّب کے نزدیک تو صحابی ہونے کے لئے رسول ﷺ کے ساتھ سال دو سال رہنا اور ایک دو غزوات میں شرکت کرنا بھی ضروری ہے (۲) اسی لئے اصحمہ نجاشی کا شمار صحابہ میں نہیں ہوگا، کہ آپ ﷺ سے ملاقات کا شرف حاصل نہ ہوسکا اور جو لوگ ملاقات سے مشرف ہوئے، گو کم عمر رہے ہوں، صحابی کہلائیں گے، جیسے حضرات حسنین رضی اللہ عنہما اور حضرت محمود بن ربیع رضی اللہ عنہ وغیرہ۔

صحابیت کا ثبوت

صحابیت کا ثبوت چار طریقوں سے ہوسکتا ہے :

(۱) تواتر کے ذریعہ، جیسے حضرات خلفاء راشدین اور عشرہ مبشرہ وغیرہ۔

(۲) تواتر سے کمتر درجہ شہرت کے ذریعہ جیسے حضرت ضمام بن ثعلبۃ اور عکاشہ بن محصن وغیرہ۔

---

(۱) مجمع الزوائد:۱۰/۲۰۔

(۲) مقدمة ابن صلاح:۱۲۵النوع التاسع والثلاثون،الفية مصطلح الحديث للعراقى:۴/۱۷ ''معرفة الصحابة''۔

(۳) کوئی معروف صحابی کسی شخص کے بارے میں صحابی ہونے کی اطلاع دے، جیسا کہ حضرت ابوموسیٰ اشعری رضی اللہ عنہ نے حممۃ بن أبی حممۃ الدوسی کی بابت صحابی ہونے کی خبر دی۔

(۴) کوئی ایسا شخص جس کا عادل و معتبر ہونا معلوم ہو اور زمانی اعتبار سے اس کا صحابی ہونا ممکن بھی ہو، اگر اپنے صحابی ہونے کا دعویٰ کرے، تو اس کو قبول کیا جائے گا، اس سلسلہ میں علماء کا خیال ہے کہ ۱۱۰ھ کے بعد اگر کوئی شخص صحابیت کا دعویٰ کرتا ہے تو یہ غیر معتبر ہے، اسی بناء پر جعفر بن نشطور رومی اور رتن ہندی وغیرہ کے دعویٔ صحابیت کو غیر معتبر مانا گیا ہے؛ کیوں کہ آپ ﷺ نے ۱۰ھ میں ارشاد فرمایا تھا :

مامن نفس منفوسة اليوم يأتي عليها مئة سنة وهي حية يؤمئذ .(۱)

آج کوئی متنفس نہیں کہ سو سال گذرنے کے بعد بھی وہ زندہ رہے۔

ان چار طریقوں سے کسی کا صحابی ہونا تسلیم کیا جاتا ہے۔(۲)

تمام صحابہ عادل ہیں

اہل سنت والجماعت کے نزدیک تمام ہی صحابہ عادل و معتبر ہیں۔ خواہ وہ حضرت عثمان غنی رضی اللہ عنہ کی شہادت اور اس کے بعد وقوع پذیر ہونے والے فتنہ میں شریک رہے ہوں یا نہیں۔(۳)

صحابہ میں مراتب

اہل سنت والجماعت کا اس امر پر اتفاق ہے کہ حضرت ابوبکر رضی اللہ عنہ اور آپ کے بعد حضرت عمر رضی اللہ عنہ تمام امت میں افضل ہیں، حضرت عمر رضی اللہ عنہ کے بعد حضرت عثمان و علی رضی اللہ عنہما کا درجہ ہے، اکثر علماء نے حضرت عثمان رضی اللہ عنہ کو افضل قرار دیا ہے اور علماء کوفہ نے حضرت علی رضی اللہ عنہ کو (۴) امام ابوحنیفہؒ کا رجحان بھی اسی طرف بتایا جاتا ہے، اسی لئے آپ نے اہل سنت والجماعت کی علامات میں حضرات شیخین کی فضیلت اور حضرت عثمان و علی رضی اللہ عنہما کی محبت کو شمار کیا ہے(۵) امام مالکؒ سے اس سلسلہ میں توقف منقول ہے(۶) نیز مشہور محدث محمد بن اسحاق بن خزیمہؒ اور خطابیؒ نے بھی حضرت علی رضی اللہ عنہ کو افضل مانا ہے۔(۷)

---

(۱) مسلم، کتاب فضائل الصحابة، حدیث نمبر: ۲۵۳۸۔

(۲) مقدمة ابن الصلاح: ۱۲۵، علوم الحديث ومصطلحه للدكتور صبحي المحمصاني: ۳۵۳-۳۵۲۔

(۳) الفية العراقی: ۱۷۴۔

(۴) مقدمة بن الصلاح: ۱۲۸۔

(۵) خلاصة الفتاوىٰ: ۳۸۱/۴۔

(۶) الفية العراقی: ۱۷۶۔

(۷) مقدمه ابن صلاح: ۱۲۸۔

خلفاء اربعہ کے بعد پھران چھ صحابہ کا درجہ ہے جو عشرہ مبشرہ میں ہیں، ان کے بعد اصحاب بدر، ان کے بعد اصحابِ احد، اوران کے بعد حدیبیہ میں بیعت رضوان کے شرکاء کا شمار ہے، آخری درجہ فتح مکہ اوراس کے بعد ہونے والے مسلمانوں کا ہے، جن میں حضرت ابوسفیان رضی اللہ عنہ اور حضرت معاویہ رضی اللہ عنہ وغیرہ ہیں۔(۱)

روایت کے اعتبار سے درجات

باعتبار روایتِ حدیث کے صحابہ کے تین درجات کئے گئے ہیں، اول مکثرین، جن کی روایات ہزار سے اوپر ہوں، دوسرے مقسطین جن کی روایات ہزار سے کم اور سو سے زیادہ ہوں، تیسرے مقلین جن سے سو سے کم حدیثیں منقول ہوں، مقسطین اور مقلین کی تعداد تو بہت ہے؛ البتہ مکثرین سات ہیں اوران کے نام اور مرویات کی تعداد اس طرح ہے(۲) :

(۱)	حضرت ابو ہریرہ رضی اللہ عنہ	۵۳۷۴
(۲)	حضرت عبداللہ بن عمر رضی اللہ عنہ	۲۶۳۰
(۳)	حضرت انس بن مالک رضی اللہ عنہ	۲۲۸۶
(۴)	حضرت عائشہ رضی اللہ عنہا	۲۲۱۰
(۵)	حضرت عبداللہ بن عباس رضی اللہ عنہ	۱۶۶۰
(۶)	حضرت جابر بن عبداللہ رضی اللہ عنہ	۱۵۴۰
(۷)	حضرت ابوسعید خدری رضی اللہ عنہ	۱۱۷۰

فقہ کے اعتبار سے درجات

فقہی اعتبار سے بھی بعض صحابہ مکثرین شمار کئے گئے ہیں، تاہم مسروق سے منقول ہے کہ حضور ﷺ کے صحابہ کا علم چھ صحابہ میں جمع ہوگیا تھا، حضرت عمر رضی اللہ عنہ، حضرت علی رضی اللہ عنہ، حضرت ابی کعب رضی اللہ عنہ، حضرت زید بن ثابت رضی اللہ عنہ، حضرت ابوالدرداء رضی اللہ عنہ اور حضرت عبداللہ بن مسعود رضی اللہ عنہ، بعض نے ابوالدرداء کی جگہ ابوموسیٰ اشعری رضی اللہ عنہ کا ذکر کیا ہے اور پھران چھ کا علم دو میں جمع ہوگیا، حضرت علی رضی اللہ عنہ اور حضرت عبداللہ بن مسعود رضی اللہ عنہ، امام شعبیؒ سے مروی ہے کہ ان میں حضرت عمر رضی اللہ عنہ، حضرت عبداللہ بن مسعود رضی اللہ عنہ اور حضرت زید بن ثابت رضی اللہ عنہ فقہی اعتبار سے ایک دوسرے سے قریب تھے، جب کہ حضرت علی رضی اللہ عنہ، حضرت ابوموسیٰ اشعری رضی اللہ عنہ اور حضرت ابی بن کعب رضی اللہ عنہ کی آراء میں زیادہ موافقت پائی جاتی تھی۔(۳)

---

(۱) دیکھئے: مقدمہ ابن صلاح: ۱۳۰۔ (۲) علوم الحدیث ومصطلحہ: ۵۵-۳۵۴۔

(۳) مقدمہ ابن صلاح: ۱۲۷۔

صحابہ کے بارے میں احتیاط

اُمت میں حضرات صحابہ کرام ﷺ کا ایک خاص درجہ و مقام ہے کہ انھیں کے ذریعہ دین ہم تک پہنچا ہے اوران ہی کی قربانیوں اور جاں نثاریوں سے اسلام کا شجر طوبی پروان چڑھا ہے، اسی لئے آپ ﷺ نے ان کو اُمت کا سب سے بہتر طبقہ قرار دیا، آپ ﷺ نے فرمایا کہ میرے عہد کے مسلمان بہترین مسلمان ہیں، پھران کے بعد آنے والے اور پھر وہ لوگ جو ان کے بعد آئیں''خیر أمتي قرني ثم الذين يلونهم ثم الذين يلونهم ''(۱)

حضرت ابوسعید خدری ﷺ سے منقول ہے کہ آپ ﷺ نے فرمایا:''میرے صحابہ کو برا بھلا نہ کہو، اس ذات کی قسم! جس کے ہاتھ میں میری جان ہے، اگر تم احد پہاڑ کے برابر بھی سونا خرچ کرو تو وہ ان کے ایک مُد بلکہ اس کے نصف خرچ کرنے کے برابر بھی نہیں ہوسکتا''۔(۲)

ایک اور روایت میں آپ ﷺ نے ارشاد فرمایا:''لوگو! میرے صحابہ کے معاملہ میں اللہ سے ڈرو، اللہ سے ڈرو، میرے بعد ان کو نشانہ نہ بناؤ، جس نے ان سے محبت کی، اس نے میری محبت کی وجہ سے ان سے محبت کی اور جس نے ان سے بغض رکھا، اس نے درحقیقت مجھ سے بغض رکھنے کی وجہ سے ان سے بغض رکھا، جس نے ان کو اذیت پہنچائی، اس نے مجھ کو اذیت پہنچائی اور جس نے مجھ کو اذیت پہنچائی، اس نے اللہ کو اذیت پہنچائی اور جس نے اللہ کو اذیت پہنچائی قریب ہے کہ اللہ تعالیٰ اس کو پکڑ لیں''۔(۳)

اس لئے حضرات صحابہ کے بارے میں بہت احتیاط چاہئے اور ہمیشہ سوءِ کلام اور سوءِ گمان سے بچنا چاہئے؛ چنانچہ اگر کوئی شخص صحابہ کی شان میں بدگوئی کرے تو اس کے فاسق العقیدہ ہونے میں تو کوئی کلام ہی نہیں؛ لیکن تکفیر میں اختلاف ہے، فقہاء احناف میں عبدالرشید طاہر البخاریؒ نے لکھا ہے کہ اگر کوئی رافضی شیخین کی شان میں گستاخی کرے اور لعنت بھیجے تو وہ کافر ہے(۴) ملاعلی قاریؒ نے بھی مشائخ سے اس طرح کی بات نقل کی ہے؛ لیکن اس کو از روئے قواعد مشکل قرار دیا ہے(۵) فقہاء مالکیہؒ میں علامہ دردیرؒ نے ایسے شخص کو کافر تو قرار نہیں دیا ہے؛ لیکن صحابہ اوراہل بیت کی تنقیص کرنے والوں کو شدید تعزیر کا مستحق قرار دیا ہے(۶) علامہ صاوی مالکیؒ نے نقل کیا ہے کہ قول معتمد یہ ہے کہ خلفاء اربعہ کی اہانت یا تکفیر کی وجہ سے کفر کا فتویٰ تو نہیں لگایا جائے گا البتہ تعزیر کی جائے گی؛ لیکن سحنون مالکی نے

---

(۱) مسلم:كتاب فضائل الصحابة ، باب فضل الصحابة ثم الذين يلونهم،حدیث نمبر:۲۵۳۳،عن ابن مسعودؓ۔

(۲) مسلم،حدیث نمبر:۲۵۴۰،بخاری،حدیث نمبر:۳۶۷۳۔

(۳) ترمذی:۳۸۶۲،باب المناقب۔

(۴) خلاصة الفتاویٰ:۳۸۱/۴۔

(۵) دیکھئے:شرح فقه اکبر:۲۲۹۔

(۶) الشرح الصغير :۴۴۴/۴۔

خلفاء اربعہ کو کافر کہنے والوں کو مرتد قرار دیا ہے، نیز صاوی نے یہ بھی لکھا ہے کہ جو تمام صحابہ کی تکفیر کرے وہ بالاتفاق کافر ہے۔(۱)

غرض اگر از راہِ احتیاط صحابی کی شان میں گستاخی کو کفر قرار نہ دیا جائے تب بھی اس کے قریب بہ کفر ہونے میں شبہ نہیں، اسی لئے سلف نے مشاجرات صحابہ پر گفتگو کرنے سے بھی منع کیا ہے، افسوس کہ گذشتہ نصف صدی میں بعض ایسی کتابیں منظر عام پر آئی ہیں، جن میں ناحق صحابہ کے اختلاف کو زیر بحث لایا گیا ہے اور آخر یہ بحث کہیں تو ناصبیت کے درجہ کو پہنچ گئی ہے اور کہیں اس کی سرحد تشیع سے جا ملی ہے، حقیقت یہ ہے کہ اس طرح کا عمل خدمت نہیں بلکہ بدخدمتی ہے اور ایک ایسی راہ پر بے احتیاطی سے قدم رکھنا ہے، جو شیشہ سے زیادہ نازک اور بال سے زیادہ باریک ہے۔فإلی اللہ المشتکی وبہ التوفیق .

آثار صحابہ

اصطلاح میں صحابہ کے اقوال وافعال کو کہتے ہیں۔

صحابہ ﷡ نے جس طرح اسلام کی تبلیغ واشاعت اور دین حق کی صیانت وحفاظت میں رسول اللہ ﷺ کی بھرپور نصرت وحمایت کی اور آپ کی رفاقت کا حق ادا فرمایا، نیز رسول اللہ ﷺ کی صحبت بافیض سے گہری بصیرت، دین کا فہم صحیح اور عمیق علم حاصل کیا اور اس اعتبار سے بھی ان کا درجہ ومقام یقیناً بعد میں آنے والی اُمت سے بدرجہا بلند وبالا ہے، اسی وجہ سے یہ سوال پیدا ہوا کہ صحابہ ﷡ کے فتاویٰ کی قانونی حیثیت کیا ہے؟

اس سلسلہ میں فقہاء کے جو مذاہب نقل کئے گئے ہیں، ان کی تفصیل اس طرح ہے :

امام شافعی کا نقطۂ نظر

(۱) امام شافعیؒ کے بارے میں یہ بات مشہور ہے کہ وہ ابتداءً آثار صحابہ کو حجت مانتے تھے؛ لیکن بعد میں آپ کی رائے بدل گئی تھی اور آپ اس کو حجت تسلیم نہ کرتے تھے، امام نوویؒ نے امام شافعیؒ کے نقطۂ نظر کو وضاحت کے ساتھ پیش کیا ہے، فرماتے ہیں :

> إذا قال الصحابي قولاً ولم يخالفه غيره ولم ينتشر فليس هو إجماعاً ، وهل هو حجة ؟ فيه قولان للشافعي ، الصحيح الجديد أنه ليس بحجة والقديم أنه حجة فإن قلنا : هو حجة ، قدم على القياس ، أما إذا اختلف الصحابة فإن قلنا بالجديد لم يجز تقليد واحد من

---

(۱) حاشیہ صاوی علی الشرح الصغیر: ۴/۴۴۲-۴۴۳۔

الفريقين بل يطلب الدليل ، وإن قلنا بالقديم فهما دليلان تعارضا فيرجح أحدهما على الآخر بكثرة العدد . (۱)

جب صحابی کی کوئی رائے ہو، دوسرے صحابہ سے اختلاف منقول نہ ہو اور صحابی کا وہ قول مشہور نہ ہوا ہو، تو یہ اجماع نہیں، لیکن کیا وہ حجت بھی ہے؟ اس سلسلہ میں امام شافعیؒ سے دو رائیں منقول ہیں، صحیح اور جدید قول یہ ہے کہ حجت بھی نہیں، قول قدیم کے مطابق حجت ہے، پس اگر ہم صحابہ کے ایسے اقوال کو حجت مان لیں تو وہ قیاس پر مقدم ہوں گے، اگر صحابہ کے درمیان اختلاف رائے ہو تو قول جدید کے مطابق کسی کی تقلید جائز نہ ہوگی ؛ بلکہ دلیل پر فیصلہ کیا جائے گا اور قول قدیم کے مطابق دونوں اقوال متعارض دلیل سمجھے جائیں گے اور ایک کو دوسرے پر اس بنیاد پر ترجیح دی جائے گی کہ صحابہ کی زیادہ تعداد کس رائے کی حامی ہے؟

اس عاجز کا خیال ہے کہ یہ بات جو امام نوویؒ نے کہی ہے اور عام طور پر جو علماء اُصول کے درمیان معروف ہے، محل نظر ہے اور خود حضرت الامام کی تحریروں سے اس کی تصدیق نہیں ہوتی ہے، امام شافعیؒ الرسالہ میں تحریر فرماتے ہیں :

قلت إلى اتباع قول واحد إذا لم أجد كتاباً ولا سنة ولا إجماعاً ولا شيئاً في معناه هذا يحكم له بحكمه أو وجد معه قياس وقل مايوجد من قول الواحد منهم لا يخالفه غيره من هذا . (۲)

میں کہتا ہوں کہ ایک صحابی کے قول کی بھی اتباع کی جائے گی ، بشرطیکہ کتاب اللہ، سنتِ رسول، اجماع اور اس کے ہم درجہ حکم کا ماخذ یا قیاس نہ پایا جائے ؛ لیکن ایسا کم ہوتا ہے کہ کسی صحابی سے ایسی رائے منقول ہو کہ دوسرے صحابی نے اس سے اختلاف نہ کیا ہو۔

امام شافعیؒ کی ’ کتاب الام‘ جس کو ان کے قول جدید کا نمائندہ سمجھا جاتا ہے، اس میں ایسے بہت سے ایسے احکام موجود ہیں، جن میں امام شافعیؒ نے محض آثارِ صحابہ سے استدلال کیا ہے، مثلاً حضرت الامام کے نزدیک ’ یمین لغو‘ کا مصداق وہ قسمیہ کلمات ہیں جو بے ساختہ زبان پر آجائیں اور اس کے لئے دلیل محض حضرت عائشہؓ کا فتویٰ ہے :

أما الذي نذهب إليه فهو ماقالت عائشةؓ . (۳)

---

(۱) شرح مہذب :۱۲۵/۱۔ (۲) الرسالہ:۸۲۔

(۳) الأم:۲۴۲/۷۔

بڑھاپے کی وجہ سے جو شخص روزہ نہ رکھ سکے، امام شافعیؒ اس پر فدیہ کو واجب قرار دیتے ہیں اور اس پر حضرت انس رضی اللہ عنہ کے عمل سے استدلال کرتے ہیں۔(۱)

اس لئے امام شافعیؒ کی طرف آثار صحابہ کو حجت نہ ماننے کی نسبت صحیح نظر نہیں آتی، اصل یہ ہے کہ امام شافعیؒ کسی حدیث نبوی یعنی حدیث مرفوع کی موجودگی میں آثارِ صحابہ کو درخورِ اعتناء نہیں سمجھتے :

إن كان يروىٰ عمن دون رسول الله حديث يخالفه لم ألتفت إلى ماخالفه وحديث رسول الله أولىٰ أن يؤخذ به . (۲)

دوسری طرف صورتِ حال یہ تھی کہ امام شافعیؒ کو جن دو جماعتِ فقہاء حنفیہ اور مالکیہ سے سابقہ پیش آیا، وہ دونوں ہی بعض حالات میں آثارِ صحابہ کو خبر واحد پر ترجیح دے دیا کرتے تھے، امام شافعیؒ کو اس طریقۂ ترجیح سے سخت اختلاف ہے اور انھوں نے اپنے مزاج کے مطابق اس پر شدید نقد کیا ہے، مثلاً حدیث میں ہے کہ پانچ وسق سے کم مقدار غلہ میں عشر واجب نہیں ہے، احناف اس پر عامل نہیں ہیں اور کتاب وسنت کے عموم کے ساتھ ساتھ بعض صحابہ کے آثار سے بھی اس پر استدلال کرتے ہیں، امام شافعیؒ نے اس پر نقد کیا ہے،(۳) —— حدیث سے معلوم ہوتا ہے کہ بلی کا جھوٹا ناپاک نہیں ہے، حنفیہ حضرت ابن عمر کے اثر سے استدلال کرتے ہیں کہ بلی کے جھوٹے سے وضوء مکروہ لیکن درست ہے، امام صاحبؒ نے اس کو حدیث کی مخالفت قرار دیا ہے،(۴) —— اسی طرح کی تنقیدیں آپ نے مالکیہ پر بھی کی ہیں، بلکہ مالکیہ کے یہاں چوں کہ آثارِ صحابہ سے استدلال زیادہ ہے، اس لئے ان پر آپ کی تنقید کا لب ولہجہ بھی ذرا تیکھا ہے، فرماتے ہیں :

عن ابن عمر أنه كان إذا اغتسل من الجنابة نضح في عينيه الماء ، قال مالك : ليس عليه العمل ، قال الشافعي : هذا مما تركتم على ابن عمر ولم ترووا عن أحد خلافه ، فإذا وسعكم الترك على ابن عمر لغير قول مثله لم يجز لكم أن تقولوا قوله حجة على مثله . (۵)

ابن عمر رضی اللہ عنہ سے مروی ہے کہ جب غسل جنابت فرماتے تو آنکھوں میں بھی پانی بہاتے، امام مالکؒ کہتے ہیں کہ ابن عمر رضی اللہ عنہ کی اس رائے پر عمل نہیں ہے، امام شافعیؒ کہتے ہیں کہ یہ اس بات کی مثال ہے کہ تم لوگ ابن عمر رضی اللہ عنہ کی رائے چھوڑتے ہو؛ حالاں کہ

---

(۱) الأم:۷/۲۴۵۔ (۲) الأم:۷/۱۹۱، باب اختلاف مالك والشافعي۔

(۳) الأم:۷/۹۵-۹۴۔ (۴) الأم:۷/۱۹۲۔ (۵) الأم:۷/۲۴۷۔

کسی صحابی سے اس کی مخالف رائے نقل نہیں کرتے تو جب تم ابن عمرؓ کی رائے کسی صحابی کے اختلاف کے بغیر ترک کر سکتے ہو تو پھر دوسرے صحابی پر ان کی رائے کو کیوں کر حجت قرار دے سکتے ہو؟

اس لئے عاجز کا خیال ہے کہ آثارِ صحابہ امام شافعیؒ کے نزدیک بھی حجت ہیں ؛ البتہ یہ کسی بھی صورت میں خبر واحد پر ترجیح اور اولیت کی حقدار نہیں ۔ واللہ اعلم

(۲) دوسری رائے یہ ہے کہ اگر صحابی کی یہ رائے اس کے عہد میں مشہور ہوگئی ہو، تب وہ حجت ہوگی ورنہ نہیں، امام غزالیؒ، علامہ آمدیؒ اور امام رازیؒ وغیرہ نے امام شافعیؒ کا یہ قول نقل کیا ہے ۔(۱)

مالکیہ وحنابلہ کی رائے

(۳) فقہاء حنابلہ سے اس سلسلہ میں مختلف اقوال منقول ہیں، قول راجح یہ ہے کہ صحابی کا قول حجت ہے اور اس کی تقلید واجب ہے، چنانچہ علامہ نجم الدین طوفی حنبلی فرماتے ہیں :

الثاني : قول صحابي لم يظهر له مخالف حجة يقدم على القياس ويخص به العام ، وهو قول مالك و بعض الحنفية خلافا لأبي الخطاب و جديد الشافعي و عامة المتكلمين . (۲)

طوفی کی صراحت سے معلوم ہوا کہ یہی حضرات مالکیہ کی بھی رائے ہے، چنانچہ اکثر اہل علم نے مالکیہ سے نقل کیا ہے کہ صحابہ کے اقوال قیاس پر مقدم ہیں، یہی رائے ابوبکر جصاص رازیؒ اور ابوسعید بردعیؒ وغیرہ کی ہے، (۳) ـــــ رازی نے بواسطہ کرخی نقل کیا ہے کہ میں امام ابو یوسف کو بعض مسائل کے بارے میں دیکھتا ہوں کہ کہتے ہیں: قیاس تو یہ ہے؛ لیکن میں نے اس کو قول صحابی کی وجہ سے چھوڑ دیا ہے: **القياس كذا إلا أني تركته للأثر ، وذلك الأثر قول واحد من الصحابة** ۔(۴)

حنفیہ کا نقطۂ نظر

(۴) حنفیہ کی رائے میں کچھ تفصیل ہے :

---

(۱) نهاية السول: ۳۶۷۔

(۲) شرح مختصر الروضة: ۱۸۵/۳، نیز دیکھئے: الواضح فی اصول الفقہ لابن عقیل حنبلی: ۳۸/۲۔

(۳) الإحكام للآمدی: ۲۰۱/۴۔

(۴) أصول السرخسي: ۱۰۵/۲۔

(الف) جن مسائل میں قیاس واجتہاد کی گنجائش نہیں ، ان میں صحابی کا قول بالاتفاق حجت ہے ؛ کیوں کہ جب اس مسئلہ میں اجتہاد کی گنجائش نہیں ہے ، تو ضرور ہے کہ صحابی نے یہ رائے کسی نص کی بنیاد پر قائم کی ہوگی ؛ چنانچہ امام سرخسیؒ فرماتے ہیں :

ولا خلاف بين أصحابنا المتقدمين والمتاخرين أن قول الواحد من الصحابة حجة فيما لا مدخل للقياس في معرفة الحكم فيه . (۱)

امام سرخسیؒ نے اس کی بہت سی مثالیں نقل کی ہیں ، جیسے مہر کی کم سے کم مقدار دس درہم کا ہونا حضرت علیؓ کا قول ہے ، جسے ہم نے لیا ہے ، حیض کی کم سے کم مدت تین دن اور زیادہ سے زیادہ دس دن ہوگی ، اس میں حضرت انسؓ کا قول لیا گیا ہے ، نفاس کی زیادہ سے زیادہ مدت چالیس دن ہوگی ، اس میں حنفیہ نے عثمان بن ابی العاصؓ کے قول کو لیا ہے ، اپنی فروخت کی ہوئی چیز کو قیمت کی ادائیگی سے پہلے ہی خریدار سے کم قیمت پر خرید کر لینا جائز نہیں ، یہ حضرت عائشہؓ کا قول ہے اور حنفیہ نے اسے اختیار کیا ہے ، کوئی شخص اپنی اولاد کو ذبح کرنے کی نذر مان لے تو اس کی جگہ اس کو بکرا ذبح کرنا چاہئے ، یہ عبداللہ بن عباسؓ کا قول ہے ، جس پر احناف کا عمل ہے ، (۲) —— متعدد مسائل ہیں کہ احناف نے ان میں قیاس کے مقابلہ صحابی کے فتویٰ کو قابل ترجیح سمجھا ہے ۔

(ب) جو مسائل قیاسی واجتہادی ہوں ، تو اس میں صحابی کے قول کی کیا حیثیت ہوگی ؟ اس سلسلہ میں اختلاف ہے ، امام کرخی کی رائے ہے کہ ان مسائل میں صحابی کا قول حجت نہیں ؛ کیوں کہ ممکن ہے کہ صحابی نے یہ بات اپنے اجتہاد سے کہی ہو ، اور ابوسعید بردعی کے نزدیک ایسے مسائل میں بھی صحابی کا قول حجت ہے ، اور وہ قیاس سے مقدم ہوگا (۳) —— عام طور پر حنفیہ کا عمل ابوسعید بردعی کے قول پر ہے ، سرخسی نے اس کی بہت سی مثالیں نقل کی ہیں ، قیاس کا تقاضا یہ تھا کہ کلی کرنا اور ناک میں پانی ڈالنا غسل جنابت اور وضو دونوں میں سنت ہو ؛ لیکن احناف نے حضرت عبداللہ بن عباسؓ کے قول کی بنیاد پر ان کو غسل میں واجب اور وضو میں سنت قرار دیا ، قیاس کا تقاضہ ہے کہ خون زخم کے اوپر نکل آئے اور نہ بہہ پائے تو بھی وہ ناقض وضو ہو ؛ لیکن حضرت عبداللہ بن عباسؓ کے قول کی وجہ سے قیاس کو چھوڑتے ہوئے اس کو ناقض وضو قرار نہیں دیا گیا ، مرض وفات میں وارث کے لئے دین کا اقرار کیا جائے تو قیاس کا تقاضا ہے کہ جائز ہو ؛ لیکن حضرت عبداللہ بن عمرؓ کے قول کی بنا پر اس اقرار کو غیر معتبر قرار دیا گیا ، اس طرح خرید و فروخت کا معاملہ طے پائے کہ اگر خریدار نے تین دنوں تک قیمت ادا نہیں کی ، تو معاملہ ختم ہو جائے گا ،

(۱) أصول السرخسي :۲/۱۱۰۔

(۲) حوالۂ سابق ۔

(۳) أصول السرخسي :۲/۱۰۵، نیز دیکھئے : أصول البزدوی :۲۳۴۔

تو قیاس کا تقاضہ ہے کہ یہ صورت جائز نہ ہو؛ لیکن امام ابوحنیفہؒ اور امام ابو یوسفؒ کہتے ہیں کہ حضرت عبداللہ بن عمرؓ کے قول کی بنا پر ہم نے اس معاملہ کو درست قرار دیا۔(۱)

حقیقت یہ ہے کہ خود امام ابوحنیفہؒ سے ان کے طریقۂ اجتہاد کی جو تفصیل منقول ہے، اس سے بھی یہی معلوم ہوتا ہے کہ امام صاحب کتاب وسنت کے بعد صحابہ کے فتاویٰ کو مطلقاً حجت مانتے تھے، اور ایک مستقل دلیل شرعی کی حیثیت سے اس کو پیش نظر رکھتے تھے، امام صاحبؒ فرماتے ہیں :

> میں اولاً کتاب اللہ کی طرف رُجوع کرتا ہوں، اس میں نہ ملے تو حدیث کی طرف، دونوں میں نہ ملے تو صحابہ کے اقوال سے اخذ کرتا ہوں، ان میں سے جن کی رائے چاہتا ہوں، قبول کرتا ہوں اور جسے چاہتا ہوں چھوڑ دیتا ہوں اور ان کے اقوال سے کسی دوسرے کی طرف رجوع نہیں کرتا، پھر جب معاملہ ابراہیم نخعی، شعبی، ابن سیرین، حسن، عطاء اور سعید بن مسیّب تک پہنچتا ہے، تو وہ بھی اجتہاد کرتے تھے اور میں بھی اجتہاد کرتا ہوں۔(۲)

آثارِ صحابہ سے حدیث کی تخصیص

اسی سے ایک دوسرا مسئلہ یہ متعلق ہے کہ اگر کوئی حدیث عام ہو، تو کیا صحابی کے قول وفعل سے اس میں تخصیص ہوسکتی ہے، یعنی بعض افراد کا اس حکم سے استثناء کیا جاسکتا ہے؟ —— اس سلسلہ میں دو نقاط نظر ہیں، ایک نقطۂ نظر یہ ہے کہ چوں کہ قول صحابی بھی حجت ودلیل ہے، اس لئے اس کی وجہ سے حدیث کے عمومی حکم میں تخصیص کی جاسکتی ہے، دوسری رائے اس کے برخلاف ہے، (۳) —— دوسرا قول امام شافعیؒ وغیرہ کا ہے اور پہلا احناف اور حنابلہ کا، (۴) —— امام مالکؒ کے طریقۂ اجتہاد سے بھی یہی معلوم ہوتا ہے کہ وہ قول صحابی کی بناء پر حدیث کے عمومی مفہوم میں تخصیص کو درست سمجھتے تھے، یہ ایک بنیادی اور اہم مسئلہ ہے اور اس سے واقف نہ ہونے کی وجہ سے بہت سے کم علم لوگوں کو ائمہ مجتہدین کے بارے میں غلط فہمی ہوتی ہے —— صحابہ نے براہ راست رسول اللہ ﷺ سے دین کو حاصل کیا ہے اور وہ ورع وتقویٰ اور خشیتِ الٰہی میں پوری اُمت پر فائق ہیں؛ اس لئے اگر کسی حکم شرعی سے واقف ہونے کے باوجود ان کا فتویٰ یا عمل بظاہر اس کے خلاف جاتا ہو، تو ضرور ہے کہ انھوں نے حضور ﷺ سے سیکھ کر اور آگہی حاصل کر کے ہی یہ عمل کیا ہوگا، اگر یہ بات پیش نظر رہے تو وہ بدگمانی پیدا نہ ہوگی، جس میں آج کل مسلمانوں کا ایک ظاہر بیں گروہ مبتلا ہے۔

---

(۱) أصول السرخسي:۱۰۶/۲۔ (۲) تاریخ بغداد:۳۶۸/۱۳۔

(۳) الواضح في أصول الفقه:۳۵۸/۲۔ (۴) الإحکام في أصول الأحکام للآمدي:۳۵۸/۲۔

مثلاً رسول اللہ ﷺ نے ارشاد فرمایا کہ جب نماز کھڑی ہوجائے ،تو اس فرض کے سوا کوئی اور نماز نہ پڑھی جائے ؛لیکن حضرت عبداللہ بن عمر، حضرت ابوالدرداء، حضرت عبداللہ بن مسعود اور حضرت عبداللہ بن عباس رضی اللہ عنہم وغیرہ کے بارے میں صحیح حدیثیں موجود ہیں کہ انھوں نے مسجد کے دروازہ پر، یا مسجد کے کسی گوشے میں، یا صفوں سے ہٹ کر نماز ادا فرمائی، پھر جماعت میں شریک ہوئے ،(۱) — چنانچہ حنفیہ اور بعض دوسرے فقہاء نے ان صحابہ کے آثار کی بنیاد پر یہ رائے قائم فرمائی کہ اگر جماعت کے بالکلیہ فوت ہوجانے کا اندیشہ نہ ہوتو جماعت کی جگہ سے ہٹ کر سنت فجر ادا کرلینا بہتر ہے، اسی طرح حدیث میں جمعہ کی فرضیت کا حکم عام ہے ؛لیکن حضرت علی رضی اللہ عنہ کا فتویٰ موجود ہے کہ جمعہ وعیدین شہر سے متعلق عبادتیں ہیں ؛ چنانچہ حنفیہ نے اسی بنیاد پر نماز جمعہ کے لئے شہر ہونے کی شرط لگائی ہے، یہ حدیث کے مقابلہ رائے پر عمل کرنا نہیں ہے ؛ بلکہ قول صحابی — جو خود بھی حدیث کے درجہ میں ہے — کی بنیاد پر حدیث کے ایک عمومی حکم میں تخصیص ہے اور یہ اس حسن ظن کی بنیاد پر ہے کہ یہ جماعت صحابہ براہ راست رسول اللہ ﷺ کی تربیت یافتہ ہے، اس لئے ان کے اقوال وافعال منشاء نبوی ہی کے ترجمان ہیں، اللہ تعالیٰ ہمیں دین کا صحیح فہم عطا فرمائے اور رسول اللہ ﷺ کے اولین تلامذہ ومستفیدین کے بارے میں ان کے شایان شان توقیر واحترام کی توفیق عطا فرمائے ''رضی اللہ عنہم ورضوا عنہ''۔

○ ○ ○

(۱) دیکھئے: آثار السنن ، باب من قال : يصلي سنة الفجر عند اشتغال الإمام بالفريضة خارج المسجد الخ.

کرنسی اور اموالِ تجارت کی زکوٰۃ کے لئے معیار
اور
سونا و چاندی میں ضم نصاب کا مسئلہ

۱- اسلام کے ارکانِ خمسہ میں سے ایک زکوٰۃ ہے، زکوٰۃ اغنیاء پر واجب ہوتی ہے اور اسے فقراء پر خرچ کرنے کا حکم ہے، جیسا کہ رسول اللہ ﷺ نے ارشاد فرمایا: ''تؤخذ من أغنيائهم فترد فی فقراء هم''(۱) لیکن سوال یہ ہے کہ اغنیاء سے کون لوگ مراد ہیں، کیا یہ عرف اور لوگوں کے حالات پر موقوف ہے یا اس کے لئے کوئی متعین معیار ہے؟ —— اس سلسلہ میں شریعت نے ان اغنیاء کے لئے جن پر زکوٰۃ واجب ہوتی ہو، ایک خاص معیار مقرر کیا ہے، اس معیار کی تفصیل یہ ہے کہ اللہ تعالیٰ نے تمام اموال میں زکوٰۃ واجب قرار نہیں دی ہے؛ بلکہ مخصوص اموال سے ہی زکوٰۃ کا حکم متعلق کیا گیا ہے اور وہ یہ ہیں :

- معدنیات: سونا، چاندی۔
- مویشی: اونٹنی، گائے، بکریاں، دنبہ اور مینڈھا (نر و مادہ) —— البتہ گھوڑے میں زکوٰۃ واجب ہوگی یا نہیں؟ اس میں اختلاف ہے۔(۲)
- زرعی پیداوار: جمہور کے نزدیک ایسی پیداوار میں زکوٰۃ واجب ہے، جو دیرپا ہوں، جیسے: چاول، گیہوں، دال، مکئی وغیرہ، جو چیزیں دیرپا نہ ہوں، جیسے: سبزیاں، ان میں زکوٰۃ واجب نہیں، یہی رائے احناف میں امام ابو یوسفؒ اور امام محمدؒ کی بھی ہے؛ لیکن امام ابوحنیفہؒ کے نزدیک تمام ہی پیداوار میں زکوٰۃ واجب ہوگی۔(۳)
- مالِ تجارت: تجارت جس چیز کی بھی کی جائے، اس میں زکوٰۃ واجب ہوتی ہے، ان کے علاوہ جو اموال ہیں، ان میں زکوٰۃ واجب نہیں ہوتی۔

---

(۱) دیکھئے: مسلم، باب الدعاء إلى الشهادتين وشرائع الإسلام، حدیث نمبر: ۱۲۱۔

(۲) دیکھئے: ہدایہ، کتاب الزکوٰۃ: ۱/۱۷۸۔ (۳) دیکھئے: ہدایہ، کتاب الزکوٰۃ: ۱/۲۰۹۔

۲- پھر ان اموال کی تھوڑی یا زیادہ ہر مقدار میں زکوٰۃ واجب نہیں ہوتی ؛ بلکہ شریعت نے ایک نصاب متعین کر دیا ہے، اس نصاب کی مقدار کو پہنچ جائے تب زکوٰۃ کا حکم متعلق ہوتا ہے، صرف زرعی پیداوار کے سلسلہ میں اختلاف ہے، جمہور کے نزدیک اس کے لئے بھی ایک نصاب متعین ہے، اسی کے قائل احناف میں امام ابو یوسفؒ اور امام محمدؒ بھی ہیں، امام ابوحنیفہؒ کے نزدیک زرعی پیداوار کے لئے کوئی نصاب متعین نہیں، اس کی مقدار کم ہو یا زیادہ، اس میں زکوٰۃ واجب ہوتی ہے۔(۱)

۳- مالِ تجارت اور کرنسی (فلوس) میں زکوٰۃ واجب ہونے ، نیز حرمانِ زکوٰۃ کے لئے کوئی مستقل نصاب مقرر نہیں، اس لئے کہ :

- تجارت مختلف اموال کی ہوسکتی ہے، اس کے لئے کسی خاص مالِ تجارت کو معیار مقرر کرنا دشوار ہوتا۔
- فلوس کے لئے کوئی معیار اس لئے مقرر نہیں کیا گیا کہ رسول اللہ ﷺ کے زمانہ میں اس کا چلن ہی شروع نہیں ہوا تھا۔
- استحقاقِ زکوٰۃ کے لئے قرآن مجید نے فقر کو معیار بنایا ہے اور فقر اور غنا ایک دوسرے کی ضد ہیں ؛ لہٰذا جو غنی نہیں ہوگا وہ فقیر ہوگا، اس سے اشارۃً حرمانِ زکوٰۃ کا معیار متعین ہوگیا۔

فلوس اور اموالِ تجارت کے لئے نصاب

۴- اب سوال یہ ہے کہ فلوس اور مالِ تجارت کے لئے کس نصاب کو معیار بنایا جائے گا ، جانوروں کے نصاب کو، زرعی پیداوار کے نصاب کو یا سونا اور چاندی کے نصاب کو؟

اس سلسلہ میں یہ بات قابل توجہ ہے کہ فلوس کی اہمیت اسی حیثیت سے ہے کہ وہ ثمن اور اشیاء کے تبادلہ کا ذریعہ ہیں، اس لئے سونا اور چاندی جو خود رسول اللہ ﷺ کے زمانہ میں بطور ثمن کے استعمال ہوا کرتے تھے، وہی اس کے لئے معیار ہوں گے ؛ کیوں کہ ثمن ہونے کے لحاظ سے دونوں گویا ایک ہی جنس ہیں، فرق یہ ہے کہ سونا اور چاندی خلقی ثمن ہیں اور فلوس اصطلاحی ثمن۔

اسی طرح اموالِ تجارت کے لئے بھی فقہاء نے سونا اور چاندی کو معیار بنایا ہے ؛ کیوں کہ اموالِ تجارت مختلف چیزیں ہوسکتی ہیں، یہاں تک کہ مٹی بھی، ان کے لئے سونا، چاندی کو معیار بنانے میں سہولت تھی ؛ کیوں کہ یہی ذریعۂ تبادلہ تھے اور جو چیز ذریعہ تبادلہ ہو، اس کے ذریعہ اشیاء کی معنوی قدر متعین کرنا آسان ہوتا ہے ؛ چنانچہ ''الموسوعۃ الفقہیۃ'' میں ہے :

---

(۱) دیکھئے: بداية المجتهد لابن رشد ، کتاب الزکوٰۃ ،الفصل الخامس فی نصاب الحبوب :۲۷۳/۱،مع تحقیق الاستاذ محمد الأمد، نیز دیکھئے: هدایه ، باب الزکوٰۃ الزروع والثمار :۲۰۹/۱۔

أما العروض فتضم قيمتها إلى الذهب أو الفضة ويكمل بها نصاب كل منهما ، قال ابن قدامة : لا نعلم فى ذلك خلافا ، وفى هذا المعنى العملة النقدية المتداولة .(۱)

سامان (تجارت) کی قیمت ،سونے یا چاندی کے ساتھ ضم کی جائے گی اور اس کے ذریعہ ان دونوں میں سے ہر ایک کا نصاب پورا کیا جائے گا ، ابن قدامہ کا بیان ہے کہ ہمارے علم کے مطابق اس میں کوئی اختلاف نہیں ہے اور مروج کرنسی کا بھی یہی حکم ہے۔

کاغذی کرنسی کی مختصر تاریخ

۵- چنانچہ عرصہ تک سونا اور چاندی اور ان کے ساتھ ساتھ فلوسِ نافقہ کو ثمن کے طور پر استعمال کیا جاتا تھا ، ہندوستان میں مغلوں کے اخیر دور تک بھی نقرئی اور طلائی دونوں طرح کے سکے مروج تھے ،مگر آہستہ آہستہ صورتِ حال بدلتی گئی ، چاندی کے کرنسی کے طور پر استعمال کرنے کا سلسلہ ختم ہوتا چلا گیا اور صرف سونے کو کرنسی کے لئے معیار تسلیم کیا جانے لگا ،—— اصل یہ ہے کہ ایک زمانے میں انسان اپنی ضروریات کی چیزوں کا اُن ہی اشیاء کے ذریعہ تبادلہ کیا کرتا تھا ، جیسے ایک شخص کے پاس چاول ہیں اور اسے گوشت کی ضرورت ہے تو وہ گوشت والے کو چاول دیتا اور اس کے بدلہ میں گوشت حاصل کرتا ، ایک شخص کے پاس کپڑا ہے اور اسے شکر کی ضرورت ہے تو وہ اسے کپڑا دیتا اور شکر حاصل کرتا ، لین دین کے اس طریقہ میں بڑی دشواری ہوتی ؛ کیوں کہ اس طرح آدمی کو بعض اوقات منوں اور ٹنوں سامان لے کر بازار میں نکلنا پڑتا ؛ تاکہ وہ اپنی مختلف ضروریات کو مہیا کر سکے ، دوسرے یہ ضروری نہیں کہ آپ جو سامان لینا چاہتے ہیں ، اس سامان کے مالک کو اس چیز کی ضرورت ہو جو آپ کے پاس مہیا ہے ، اس طرح اشیاء ضرورت کو حاصل کرنے میں دشواری پیش آتی تھی ، اس پس منظر میں لوگوں نے سوچا کہ کسی ایسی قیمتی دھات کو اشیاء کے تبادلہ کا ذریعہ بنایا جائے ، جس میں لوگوں کی رغبت بھی ہو اور اس کا وزن بھی زیادہ نہ ہو ، اسی لئے سونے اور چاندی کے سکوں کا آغاز ہوا ، رسول اللہ ﷺ کی ولادت باسعادت کے زمانہ میں روم میں سونے کا سکہ چلتا تھا ، جسے '' دینار '' کہا جاتا تھا اور ایران میں چاندی کا سکہ ، جسے '' درہم '' کہا جاتا تھا ، یہی دونوں سکے عرب میں مروج تھے اور قیمت کے لئے معیار کے طور پر استعمال کئے جاتے تھے ، ان کے اوزان ایک حد تک مقرر تھے ؛ لیکن اس پر کنٹرول نہیں تھا ، مسلمانوں نے اس پر توجہ دی ، سکوں کے اوزان مقرر کئے اور حکومت کے زیر نگرانی اس کی ڈھلائی کا انتظام کیا ،

(۱) الموسوعة الفقهية ، زكوٰة ، ضم الذهب إلى الفضة فى تكميل النصاب وضم عروض التجارة اليها ، معزيا إلى ،ابن عابدین:۲؍۳۴ ، والمجموع:۶؍۱۸ ، والمغنی:۳؍۲-۳ ، والدسوقی علی الشرح الکبیر:۱؍۴۵۵۔

متفرق اوزان کے درہم پائے جاتے تھے، جو اختلاف کا باعث بنتا تھا، حضرت عمرؓ نے ان سب کو ختم کر کے اوران کے وزن کا اوسط نکال کر ایک خاص وزن مقرر فرمایا، جس کو ''وزن سبعہ'' کہا جاتا ہے۔

طویل عرصہ تک یہی سونے اور چاندی کے سکے ذریعہ تبادلہ تھے اور چوں کہ یہ دھاتیں بذاتِ خود قیمت کی حامل تھیں؛ اس لئے جعلی سکے ڈھالے نہیں جاتے تھے، اس بنا پر افراط زر پیدا نہیں ہوتا تھا اور کرنسی کی قیمت میں استحکام رہتا تھا، پھر آہستہ آہستہ ان کے کاغذی وثائق جاری ہونے لگے، کہا جاتا ہے کہ سب سے پہلے اسٹاک ہوم کے بینک نے کاغذی دستاویز جاری کئے، جو سونے اور چاندی کے سکوں کی ذمہ داری کا اقرار نامہ تھا اور جس میں وعدہ کیا جاتا تھا کہ عند الطلب بینک اتنا معدنی سکہ ادا کردے گا، پھر جب بینک اس طرح کے دستاویز جاری کرنے لگے اور لوگوں کو اس پر اعتماد ہو گیا، نیز لوگوں میں بوجھل سکوں کے بجائے کاغذی دستاویزات کی طلب بڑھ گئی تو انیسویں صدی کے نصف آخر میں باضابطہ کاغذی نوٹوں کی اجرائی کا قانون بن گیا اور کہا گیا کہ اگر ان نوٹوں کا حامل مطالبہ کرے تو بینک اس کو ان کی قیمت کے برابر سونا ادا کرے گا۔

اب تیسرا مرحلہ پہلی جنگ عظیم کے آغاز کے بعد شروع ہوا، جب حکومت نے لوگوں پر کاغذی نوٹوں کے لین دین کو لازمی قرار دے دیا؛ البتہ ان کے لئے اس کی گنجائش رکھی کہ اگر وہ اس کے بقدر سونا یا چاندی حاصل کرنا چاہیں تو کرسکیں گے، ۱۹۱۴ء میں یہ قانون بن گیا؛ مگر کاغذی سکوں کے ساتھ سونے کا سہارا ۱۹۴۵ء تک باقی رہا، دوسری جنگِ عظیم ختم ہونے اور دنیا میں معاشی بحران کے سر اُٹھانے کے بعد ایک عالمی معاہدہ ہوا کہ تمام کرنسیاں امریکی ڈالر سے مربوط رہیں گی اور امریکی ڈالر سونے سے، گویا اب بھی کرنسی کا سونے سے باضابطہ ربط تھا، گو یہ ڈالر کے واسطہ سے تھا؛ لیکن جب ویتنام کی جنگ نے امریکہ کو معاشی بحران سے دوچار کیا، لوگوں میں بے اطمینانی پیدا ہوگئی اور اس کی وجہ سے امریکی بینکوں سے سونے کا مطالبہ ہونے لگا تو امریکہ نے محسوس کیا کہ اس طرح تو اس کا سونے کا پورا محفوظ ذخیرہ ختم ہو جائے گا؛ چنانچہ ۱۹۷۳ء میں امریکہ نے اعلان کر دیا کہ اب وہ سونا ادا کرنے کا پابند نہیں، اس طرح کاغذی کرنسی نے بذاتِ خود ذریعہ تبادلہ کی حیثیت اختیار کر لی۔(۱)

غرض کہ اب سونا براہِ راست کرنسی باقی نہیں رہا؛ لیکن اب بھی کسی ملک کی کرنسی کی قدر متعین کرنے میں سونے کا ایک اہم رول ہوتا ہے، اسے دنیا کے تمام مرکزی بینکوں میں ایک اہم محفوظ سرمایہ (Reserve asset) مانا جاتا ہے، دنیا کے مختلف ممالک سونے کے محفوظ ذخیرہ (Gold Reserve) کی وافر مقدار رکھتے ہیں؛ تا کہ ان کی کرنسی مضبوط رہے اور خاص کر ڈالر کے مقابلہ میں کمزور نہ ہو جائے، اگر ڈالر میں کمزوری آتی ہے تو اس کی تلافی بھی سونے کی قیمت کو تقویت دے کر کی جاتی ہے، آج بھی سونا تقریباً دنیا کے مرکزی بینکوں کا اصل مالی سرمایہ

(۱) دیکھئے: أحكام النقود في الشريعة الاسلامية: ۳۱-۳۲، تالیف: محمد سلامۃ جبر۔

(Financial asset) سمجھا جاتا ہے،۱۴ر اگست ۲۰۰۹ءکومرکزی بینکوں بالخصوص مغربی ممالک کے بینکوں کا تیسرا اجلاس سنٹرل بینک گولڈ اگریمنٹ (Cantral Bank Gold Aggrenent) کے عنوان سے ہوا، جس میں توثیق کی گئی کہ سونا عالمی مالیاتی ذخیرہ کے ایک اہم عنصر کے طور پر باقی رہے گا، آج بھی سمجھا جاتا ہے کہ سونا افراطِ زر سے تحفظ کا ایک اہم ذریعہ ہے اور سرمایہ کار اس بات کو بہتر سمجھتے ہیں کہ اپنی سرمایہ کاری کا ایک حصہ سونے میں لگائیں، سونے کی اسی اہمیت کی وجہ سے مغربی مرکزی بینکوں نے مل کر ستمبر ۱۹۹۹ء میں معاہدہ کیا کہ ایک متعین حد سے زیادہ سونا نہیں بیچا جائے گا؛ چنانچہ ہر پانچ سال پر اس معاہدے کی تجدید ہوتی رہتی ہے، جس کو سنٹرل بینک گولڈ اگریمنٹ (Cantral Bank Gold Aggrenent) کہا جاتا ہے، یہاں تک کہ سوئزرلینڈ کی کرنسی (Swis Franc) تو ۲۰۰۰ء تک پوری طرح سونے میں قابل انتقال تھی، اس سے واضح ہوتا ہے کہ کرنسی کی قدر کا کچھ نہ کچھ سونے سے تعلق اب بھی باقی ہے اور یہ سرمایہ کاروں کے لئے ایک مرغوب ترین شئے ہے؛ مگر چاندی کا کرنسی سے کوئی تعلق نہیں رہا اور اسی لئے اب لوگوں میں اس کی رغبت کم ہوگئی ہے۔

سونا اور چاندی کے لئے نصاب

۶- چوں کہ چاندی کا کرنسی سے کوئی رشتہ باقی نہیں رہا، اس لئے موجودہ دور میں چاندی کی قیمت میں ایسا انحطاط پیدا ہوگیا کہ اب چاندی کے نصابِ زکوٰۃ ''۶۱۲ رگرام'' کی قیمت بہت معمولی ہوگئی ہے، اب اس وقت چاندی کا نصاب ہندوستان میں بارہ، تیرہ ہزار روپے میں پورا ہوجاتا ہے، جب کہ سونے کے نصاب کی قیمت ڈیڑھ لاکھ روپیوں کے قریب ہوتی ہے، ان حالات میں یہ بات مناسب معلوم ہوتی ہے کہ :

(۱) اگر کوئی شخص صرف سونے کا مالک ہو تو سونے کے مکمل نصاب کے اعتبار سے زکوٰۃ واجب ہو۔

(۲) اگر صرف چاندی کا مالک ہو تو چاندی کے لحاظ سے زکوٰۃ واجب ہو۔

(۳) اگر کچھ مقدار چاندی کی اور کچھ مقدار سونے کی ہو تو صاحبین کے مسلک کے مطابق ضم بالقیمۃ کے بجائے ضم بالاجزاء کا طریقہ اختیار کیا جائے، یعنی نصف نصاب سونے کا ہو اور نصف چاندی کا، یا ایک تہائی سونے اور دو تہائی چاندی کا وغیرہ، تو اس میں زکوٰۃ واجب ہوگی؛ کیوں کہ سونے کے لئے سونے کا نصاب اور چاندی کے لئے چاندی کا نصاب نص سے ثابت ہے اور جو بات نص سے ثابت ہو، اس میں اسی کے مطابق عمل کیا جائے گا۔

کرنسی اور مالِ تجارت کے لئے نصاب اور موجودہ عہد کا تقاضا

۷- کرنسی اور مالِ تجارت میں زکوٰۃ واجب ہونے کے لئے نیز حرمانِ زکوٰۃ کے لئے سونے کے نصاب کو معیار قرار دیا جائے، ـــــ اس کے وجوہ حسبِ ذیل ہیں :

(الف) زکوٰۃ کا اصل مقصد فقراء کی حاجت کو دور کرنا ہے اور انسان کی ضرورت سونے چاندی سے براہ راست پوری نہیں ہوتی، نہ اس سے بھوک مٹ سکتی ہے اور نہ اس سے تن ڈھک سکتا ہے؛ چنانچہ یہ بات غور کرنے کی ہے کہ سونے اور چاندی کے علاوہ جو اموالِ زکوٰۃ مقرر کئے گئے ہیں، وہ سب ایسے ہیں جن سے براہ راست انسانی ضرورت پوری ہوتی ہے تو آخر ان چیزوں کے ساتھ ساتھ سونے اور چاندی میں کیوں زکوٰۃ واجب قرار دی گئی؟ —— اس کی وجہ ظاہر ہے کہ یہ ثمن اور ذریعہ تبادلہ ہیں، اس لئے یہ بالواسطہ انسان کی تمام ضروریات کو پوری کرنے کی صلاحیت رکھتے ہیں، اسی وجہ سے ان کو نہ صرف زکوٰۃ؛ بلکہ ربا اور دیت میں بھی معیار بنایا گیا؛ چنانچہ علامہ علاء الدین کاسانیؒ سونے اور چاندی کے ضم نصاب کے مسئلہ پر گفتگو کرتے ہوئے فرماتے ہیں :

ولأنهما مالان متحدان في المعنى الذي تعلق به وجوب الزكوٰة فيهما وهو الاعداد للتجارة بأصل الخلقة والثمنية فكانا في حكم الزكوٰة كجنس واحد . (۱)

اس لئے کہ سونا اور چاندی دو ایسے مال ہیں، جو اس مقصد کے اعتبار سے جن کی وجہ سے ان دونوں میں زکوٰۃ واجب قرار دی گئی ہے، متحد ہیں، اور وہ مقصد ہے اصل خلقت اور ثمن ہونے کے اعتبار سے ذریعہ تجارت بننا؛ لہٰذا زکوٰۃ کے حکم میں ان دونوں کی ایک ہی جنس سمجھی جائے گی۔

اسی پر گفتگو کرتے ہوئے صاحب شرح کبیر فرماتے ہیں :

ولأنهما نفعهما واحد والمقصود منهما متحد ؛ فانهما قيم المتلفات وأروش الجنايات وثمن البياعات وحلي لمن يريدهما فأشبها النوعين . (۲)

اس لئے کہ سونا اور چاندی کا نفع یکساں ہے اور ان دونوں کا مقصود ایک ہے کہ یہ ہلاک ہونے والی اشیاء کی قیمت، جنایتوں کا معاوضہ، بیچی جانے والی چیزوں کا ثمن اور زیور کی ضرورت، ان لوگوں کے لئے پورا کرتے ہیں جو ان کے ذریعہ ان مقاصد کو پورا کرنا چاہیں، لہٰذا یہ دونوں ایک دوسرے کے مشابہ ہیں۔

اس طرح کی صراحت بہت سے اہل علم کے یہاں ملتی ہے اور یہ اتنی واضح بات ہے کہ محتاجِ دلیل نہیں، اسی بنیاد پر فقہاء سونے اور چاندی کو تقدیراً مالِ نامی مانتے ہیں؛ کیوں کہ ذریعہ تبادلہ ہونے کی وجہ سے یہ تجارت کے لئے بنیادی اہمیت رکھتے ہیں اور تجارت دولت میں نمو کا ذریعہ بنتی ہے۔

---

(۱) بدائع الصنائع، کتاب الزكوٰة، مقدار الواجب فيه:۲/۱۰۶۔

(۲) الشرح الكبير على حاشية المقنع لابن قدامة المقدسي:۱۶/۷۔

اب غور کیا جائے تو اس وقت سونا تو کسی نہ کسی درجہ میں کرنسی یعنی ثمن اصطلاحی سے مربوط ہے اور چاندی کا کرنسی سے کوئی ربط نہیں؛ اس لئے جو اصل علت ثمنیت کی تھی، وہ فی زمانہ چاندی میں مفقود ہے؛ لہٰذا چوں کہ چاندی کا اموالِ زکوٰۃ میں ہونا منصوص ہے؛ اس لئے چاندی میں تو زکوٰۃ واجب ہوگی ہی؛ لیکن چاندی کو دوسری چیزوں کے لئے زکوٰۃ کا معیار نہیں ہونا چاہئے۔

(ب) رسول اللہ ﷺ کے زمانے میں سونے اور چاندی کی قیمت کے درمیان توازن تھا، یعنی دوسو درہم چاندی اور بیس دینار سونے کی قدر برابر تھی؛ چنانچہ شاہ ولی اللہ صاحب فرماتے ہیں :

والذهب محمول على الفضة و كان في ذلك الزمان صرف دينار بعشرة دراهم ، فصار نصابه عشرين مثقالاً . (۱)

سونے کا نصاب چاندی کے نصاب پر مبنی تھا؛ کیوں کہ اس زمانہ میں ایک دینار دس درہم کے بدلے فروخت کیا جاتا تھا، اس لئے سونے کا نصاب ۲۰؍مثقال مقرر ہوا۔

اسی طرح صاحبِ ہدایہ فرماتے ہیں :

و كل دينار عشرة دراهم في الشرع فيكون أربعة مثاقيل في هذا كاربعين درهم . (۲)

شریعت کی نظر میں ہر ایک دینار دس درہم کے برابر ہے، اس لحاظ سے چار مثقال، چالیس درہم کی طرح ہوئے۔

غرض کہ بیس دینار سونا اور دوسو درہم چاندی کی قوتِ خرید مساوی ہوا کرتی تھی؛ البتہ سونے اور چاندی کی عمدگی، نیز اس کی بناوٹ اور ڈیزائن کے اعتبار سے بعض اوقات کسی کی قیمت بڑھ جاتی تھی :

...... اذا كانت قيمة أحدهما لجودته و صياغته أكثر من وزنه . (۳)

صاحبینؒ نے جو سونے اور چاندی کے درمیان ضم بالا جزاء کی رائے اختیار کی ہے، اس کی بنیاد بھی یہی ہے کہ اس زمانے میں مثلاً اگر نصف نصاب سونے کا اور نصف نصاب چاندی کا ہوتا تو اس کی قدر وہی ہوتی تھی، جو بیس مثقال سونے یا دوسو درہم چاندی کی ہے، اس لئے ہم دیکھتے ہیں کہ دیت ایک ہزار دینار یا دس ہزار درہم کو مقرر کیا گیا ہے، یعنی وہی ایک اور دس کی نسبت ہے، موجودہ حالات اس سے بالکل مختلف ہیں۔

(ج) اگر چاندی کے نصاب اور دوسری اشیاء کے نصاب کی موجودہ قیمت دیکھی جائے تو ان میں بہت زیادہ فرق ہو جاتا ہے، مثلاً ذیل کا نقشہ ملاحظہ کیا جائے :

(۱) حجة الله البالغة: ۱۳۰-۱۲۹، باب مقادير الزكوة، تحقیق: مفتی سعید احمد یوسف البالن پوری، ط: مکتبہ حجاز دیوبند۔
(۲) الهداية: ۱۷۵/۱، فصل في الذهب۔ (۳) بدائع الصنائع: ۱۹/۲۔

- اونٹ: کم از کم نصاب پانچ عدد، فی اونٹ دو ہزار ریال کے حساب سے دس ہزار ریال، ہندوستانی روپے میں تقریباً ایک لاکھ چالیس ہزار روپے۔
- گائے: کم از کم نصاب تیس عدد، فی گائے چھ ہزار روپے کے لحاظ سے ایک لاکھ اسی ہزار روپے۔
- بکری: کم سے کم نصاب چالیس عدد، ساڑھے تین ہزار روپے فی بکری کے لحاظ سے ایک لاکھ پچاس ہزار روپے۔
- سونا: سولہ ہزار روپے فی دس گرام کے حساب سے ڈیڑھ لاکھ کے قریب۔
- چاندی: دوسو روپے فی دس گرام کے لحاظ سے تقریباً بارہ ہزار روپے۔

اس لحاظ سے اگر دیکھا جائے تو چاندی کے نصاب کی موجودہ قدر نہایت ہی کم ہے؛ حالاں کہ جانوروں سے براہ راست انسانی ضروریات پوری ہوتی ہیں؛ اس لئے اس کی قدر کے کم یا زیادہ ہونے سے کوئی فرق نہیں پڑتا؛ کیوں کہ ایک گائے اگر ایک ہزار سال پہلے سو آدمی کی غذا کے لئے کافی تھی تو آج بھی اتنے افراد کے لئے وہی مقدار کافی ہوگی، اس کے باوجود اس کی قدر زیادہ ہے، برخلاف چاندی کے، مثلاً دوسو درہم چاندی سے اگر اس زمانے میں پانچ وسق (دس کنٹل کے قریب) غلہ خرید کیا جاتا ہو اور آج نہیں خرید کیا جاسکتا ہو تو یہ بات واضح ہے کہ عہد نبوی کے مقابلہ چاندی کی قدر بہت کم ہوگئی ہے اور بحیثیت ثمن اس کی جو قوت تھی وہ کمزور پڑ گئی ہے۔

(د) زکوٰۃ کے لئے اموال کا نصاب مقرر کرنے سے ظاہر ہے کہ شریعت یہ چاہتی ہے کہ دولت کی ایک خطیر مقدار جمع ہونے کے بعد ہی اس میں زکوٰۃ واجب ہو اور زکوٰۃ کا لینا اس کے لئے حرام قرار پائے؛ جیسا کہ جانوروں کے نصاب اور سونے اور چاندی کے نصاب سے ظاہر ہے، چاندی کا یہ نصاب بھی اسی حساب سے تھا کہ اس زمانہ میں دوسو درہم سے خطیر مالیت کا حاصل کیا جانا ممکن تھا؛ چنانچہ شاہ ولی اللہ صاحب فرماتے ہیں کہ دوسو درہم چاندی یا پانچ وسق غلہ کی مقدار اس لئے مقرر کی گئی کہ یہ چھوٹے موٹے خاندان کی پورے سال کی ضرورت کے لئے کافی ہو جاتا تھا:

> **إنما قدر من الحب والتمر خمسة أوسق لأنها تكفي أقل أهل البيت إلى سنة، وذلک لأن أقل البيت الزوج والزوجة وثالث خادم أو ولد بينهما، وما يضاهي ذلک من أقل البيوت وغالب قوت الانسان رطل أو مد من الطعام، فاذا أعمل على واحد من هؤلاء كفاهم لسنة، وبقيت بقية لنوائبهم وإدامهم، وإنما قدر من الورق خمس أواق؛ لانها مقدار يكفي أقل أهل البيت سنة كاملة إذا كانت الاسعار موافقة فى أكثر الأقطار واستقرئ عادات البلاد المعتدلة فى الرخص والغلاء تجد ذلک. (۱)**

---

(۱) حجة الله البالغة: ۱۲۸/۲۔

اجناس اور کھجور میں سے پانچ وسق نصاب اس لئے مقرر کیا گیا کہ یہ ایک مختصر خاندان کے سال بھر کی ضرورت کے لئے کافی ہوتا تھا اور یہ اس لئے کہ مختصر خاندان، شوہر بیوی، خادم یا ایک بچہ پر مشتمل ہوتا ہے اور اسی طرح کی مختصر خاندان اور انسان کی زیادہ تر خوراک ایک رطل یا ایک مد کھانا ہوتا ہے، لہٰذا جب ان میں سے ایک کا حساب کیا جائے تو یہ ان کے ایک سال کی ضرورت کے لئے کافی ہو جاتا ہے اور کچھ ان کی پیش آنے والی دوسری ضروریات اور ان کے سالن کے لئے بچ جاتا ہے، اسی طرح پانچ اوقیہ چاندی کو نصاب مقرر کیا گیا ہے؛ کیوں کہ یہ ایسی مقدار ہے جو ایک مختصر خاندان کے پورے سال کی ضروریات کے لئے کافی ہے، بشرطیکہ قیمتیں اکثر علاقوں میں یکساں ہوں اور اگر ارزانی، گرانی کے اعتبار سے مختلف علاقوں کی درمیانہ درجہ کے معمولات کا جائزہ لیا جائے تو تم ایسا ہی پاؤ گے۔

بعض حدیثوں میں یہ بات آئی ہے کہ پانچ وسق (۶۷۹ کیلو آٹھ سو گرام) سے کم اجناس میں زکوٰۃ واجب نہیں ہوگی: ''لیس فیما دون خمسة أوسق زكوٰة ''(۱) جمہور اور صاحبین کے نزدیک اسی حدیث کی بنا پر اجناس میں بھی زکوٰۃ کا ایک نصاب ہے اور وہ پانچ وسق ہے، احناف کے نزدیک اجناس کی مقدار کم ہو یا زیادہ، سب میں زکوٰۃ واجب ہوگی، احناف کا نقطۂ نظر یہ ہے کہ اس حدیث کا تعلق مالِ تجارت سے ہے؛ کیوں کہ ایک وسق کی قیمت چالیس درہم ہوا کرتی تھی، اس طرح پانچ وسق اجناس دو سو درہم کے برابر ہوئے، (۲) اس سے معلوم ہوا کہ چاندی کا یہ نصاب بھی اس وقت مقرر کیا گیا تھا، جب اس سے اشیاء ضرورت قابل لحاظ مقدار میں حاصل کی جاسکتی تھیں: لیکن اس وقت دو سو درہم چاندی کی قیمت سے ایک خاندان کی سال بھر کی ضروریات تو کیا مہیا ہونگی، ایک مہینے کی ضرورت بھی بہ مشکل فراہم ہوسکتی ہیں؟

(ہ) فقر و غنا کے لئے شریعت میں ایک معیار مقرر کیا گیا ہے؛ لیکن اس کا تعلق عرف اور احوال سے بھی ہے؛ کیوں کہ ہر زمانہ کے حالات کے لحاظ سے اس زمانہ کے لوگوں کی ضروریات ہوتی ہیں؛ چنانچہ خود فقہاء نے ''حاجتِ اصلیہ'' کو متعین کرنے میں ان کو ملحوظ رکھا ہے، اگر اس پہلو سے دیکھا جائے تو آج کل بارہ تیرہ ہزار کی رقم ایک حقیر رقم سمجھی جاتی ہے اور گورنمنٹ کی اقل ترین تنخواہ بھی اس سے زیادہ ہوتی ہے۔

(و) سونے اور چاندی کی حیثیت چوں کہ کرنسی کی تھی اور اس کی وجہ سے اس کو خصوصی حیثیت حاصل تھی،

(۱) ابوداؤد، کتاب الزکوٰۃ، باب ما تجب فيه الزكوة، حدیث نمبر: ۱۵۵۹۔

(۲) دیکھئے: هدایه، باب زکوٰۃ الزروع والثمار: ۲۱۰/۱۔

اسی لئے لوگ عام طور پر سونے اور چاندی کی شکل میں اپنے سرمایہ کو محفوظ کرتے تھے، یہ ایک عملی حقیقت بھی ہے اور خود قرآن مجید میں بھی ''وَالَّذِيْنَ يَكْنِزُوْنَ الذَّهَبَ وَالْفِضَّةَ'' (التوبۃ:۳۴) کہہ کر اس حقیقت کی طرف اشارہ کیا گیا ہے، اب غور کریں تو موجودہ دور میں لوگ اپنے سرمایہ کو چاندی کی شکل میں محفوظ نہیں کرتے، سونے کی شکل میں محفوظ کرتے ہیں، اسی لئے سونے کے بسکٹ اور سونے کے سکے بھی بینک کی طرف سے فروخت کئے جاتے ہیں، اور اسی لئے سونے کی قیمت میں روز افزوں اضافہ ہوتا جا رہا ہے، یہاں تک کہ اب شادی میں بھی زیادہ اہتمام لوگ سونے کے زیورات کا کرتے ہیں اور یہ بات ذہن میں ہوتی ہے کہ اس کی قدر بڑھتی جائے گی اور جب بھی ضرورت ہو آسانی سے اسے فروخت کیا جا سکے گا۔

ان وجوہ کی بنیاد پر اس حقیر کی رائے میں ثمنیت کا پہلو سونے میں بہ مقابلہ چاندی کے زیادہ ہے، نیز لوگوں کے تعامل اور قیمت کے استحکام کے اعتبار سے سونے کا چلن بھی زیادہ ہے اور اس کی قدر سے شریعت کا یہ منشاء پورا ہوتا ہے کہ فقراء پر زکوٰۃ واجب نہ ہو، اغنیاء پر واجب ہو اور فقراء زکوٰۃ سے محروم نہ ہوں، اغنیاء محروم ہوں؛ اس لئے اس کو مالِ تجارت اور کرنسی کے لئے معیار ہونا چاہئے۔

ایک ضروری وضاحت

بعض اہل علم کا خیال ہے کہ چاندی زکوٰۃ کے لئے معیار ہونے میں اصل کا درجہ رکھتی ہے، اس لئے کہ چاندی کا نصابِ زکوٰۃ صحیح احادیث سے ثابت ہے، اسی لئے اس پر اجماع ہے اور سونے کے نصاب میں اختلاف ہے اور ایک رائے یہ ہے کہ جتنا سونا دوسو درہم چاندی کے بقدر ہو جائے اتنے میں زکوٰۃ واجب ہوگی؛ چنانچہ علامہ ابن قدامہ فرماتے ہیں :

> **وأجمعوا على أنه اذا كان أقل من عشرين مثقالا ولا تبلغ مائتى درهم فلا زكوٰة فيه ، وقال عامة الفقهاء : نصاب الذهب عشرون مثقالاً من غير اعتبار قيمتها إلا ماحكى عن عطاء وطاؤس والزهرى وسليمان بن حرب وأيوب السختيانى ، أنهم قالوا : هو معتبر بالفضة ، فما كان قيمته مائتى درهم ففيه الزكوٰة والا فلا .(۱)**

فقہاء کا اس بات پر اتفاق ہے کہ بیس مثقال سے کم سونا — جو دوسو درہم کی قیمت کو نہیں پہنچے — میں زکوٰۃ واجب نہیں ہوگی؛ لیکن اکثر فقہاء کی رائے یہ ہے کہ قیمت سے قطع نظر کرتے ہوئے سونا کا نصاب بیس مثقال ہے، پہلا قول عطاء، طاؤس،

(۱) المغنی:۲۱۳/۴۔

زہری، سلیمان بن حرب اور ایوب سختیانی کا ہے، وہ کہتے ہیں کہ اعتبار چاندی کے نصاب کا ہے؛ لہٰذا اگر سونے کی قیمت دوسو درہم ہو تب اس میں زکوٰۃ واجب ہے ورنہ نہیں۔

لیکن یہ بات بھی ملحوظ رکھنی چاہئے کہ جن فقہاء نے یہ نقطۂ نظر اختیار کیا ہے، وہ کیوں کیا ہے؟ ان کا خیال تھا کہ سونے کے نصاب کے سلسلہ میں کوئی حدیث ثابت نہیں ہے، لہٰذا چوں کہ چاندی بھی ثمن ہے اور سونا بھی؛ اس لئے سونے کے لئے چاندی کو معیار بنایا جائے گا، اس سے معلوم ہوتا ہے کہ ان حضرات تک وہ حدیث نہیں پہنچ پائی تھی، جو سونے کے نصاب کے سلسلہ میں ہے؛ حالاں کہ سونے کے نصاب کا ذکر متعدد حدیثوں میں ہے، چند یہاں نقل کی جاتی ہیں :

○ عن علی رضی اللہ عنہ عن النبی صلی اللہ علیہ وسلم ...... قال : ”فاذا کانت لک مائتا درهم وحال علیها الحول ففیها خمسة دراهم ولیس علیک شئ یعنی فی الذهب حتی یکون لک عشرون دیناراً، فاذا کانت لک عشرون دیناراً وحال علیها الحول ففیها نصف دینار الحدیث“ (۱) وسکت عنه، وقال الزیلعی : الحدیث حسن. (۲)

حضرت علی رضی اللہ عنہ نقل کرتے ہیں کہ رسول اللہ ﷺ نے فرمایا: جب تمہارے پاس دوسو درہم ہوں اور اس پر سال گذر جائے تو اس میں پانچ درہم واجب ہیں اور سونے میں کوئی زکوٰۃ واجب نہیں ہے، جب تک بیس دینار نہ ہو جائے، بیس دینار ہو جائے اور سال گذر جائے تو پھر اس میں نصف دینار دینا واجب ہے۔

○ عن علی رضی اللہ عنہ قال : قام فینا رسول اللہ صلی اللہ علیہ وسلم ذات یوم، فقال : إنا قد وضعنا عنکم صدقة الخیل والرقیق، ولکن هاتو ربع العشر من کل أربعین درهماً درهم، ولیس فی مادون المأتین شيء فی کل عشرین مثقالاً نصف مثقال ولیس فیما دون ذلک شيء، رواہ ابن جریر فی تهذیبه وصححه. (۳)

---

(۱) رواہ أبوداؤد، باب زکوٰۃ السائمة، حدیث نمبر:۱۵۷۳۔

(۲) نصب الرایة:۲/۲۳۸۔

(۳) اعلاء السنن، کتاب الزکوٰۃ، باب نصاب الذهب:۹/۵۹، بحواله کنز العمال:۳/۳۰۶، ۳۰۷۔

حضرت علی رضی اللہ عنہ سے روایت ہے کہ آپ نے فرمایا: رسول اللہ ﷺ ایک دن ہمارے درمیان کھڑے ہوئے اور ارشاد فرمایا: میں نے تم لوگوں سے گھوڑے اور غلام کی زکوٰۃ معاف کردی ہے؛ لیکن چاندی میں چالیسواں حصہ یعنی چالیس درہم میں ایک درہم زکوٰۃ ادا کرو اور دوسو درہم سے کم میں کوئی زکوٰۃ واجب نہیں، اس طرح بیس مثقال سونے میں نصف مثقال زکوٰۃ ادا کرو، بیس مثقال سے کم میں زکوٰۃ نہیں۔

○ عن عمرو بن شعيب عن أبيه عن جده قال : قال رسول الله صلى الله عليه وسلم : ليس في مادون مائتى درهم شيء ، ولا فيما دون عشرين مثقالاً من الذهب شيء ، وفى المائتين خمسة دراهم وفى عشرين مثقالاً ذهب نصف مثقال .(۱)

حضرت عبداللہ بن عمرو بن العاص رضی اللہ عنہما سے مروی ہے کہ رسول اللہ ﷺ نے ارشاد فرمایا: دوسو درہم سے کم میں زکوٰۃ نہیں، بیس مثقال سے کم سونے میں زکوٰۃ نہیں؛ البتہ دوسو درہم میں پانچ درہم اور بیس مثقال سونے میں نصف مثقال بہ طور زکوٰۃ ادا کی جائے۔

ان احادیث کی روشنی میں ائمہ اربعہ کے بہ شمول جمہور فقہاء سونے کے نصاب کو مستقل مانتے ہیں اور بعد کے فقہاء کا تقریباً اس پر اتفاق ہو چکا ہے، پس ظاہر ہے کہ جب سونے کے نصاب پر اتفاق ہوگیا تو اب اس اختلاف سے استدلال کرنا درست نظر نہیں آتا؛ بلکہ فقہاء کی عبارت سے معلوم ہوتا ہے کہ وہ دینار کو درہم کے لئے معیار بناتے تھے؛ چنانچہ علامہ زیلعی قدوری کے حوالہ سے نقل کرتے ہیں :

وفى التجريد للقدورى : لاخلاف أن الدية ألف دينار وكل دينار عشرة دراهم ولهذا جعل نصاب الذهب عشرين ديناراً ونصاب الورق مأتى درهم .(۲)

ضم نصاب کا مسئلہ

۸- جہاں تک زکوٰۃ میں ضم نصاب کا مسئلہ ہے تو جانوروں کے سلسلہ میں تو اتفاق ہے کہ اس میں ضم نصاب نہیں ہوگا، جن فقہاء کے نزدیک زرعی پیداوار میں زکوٰۃ واجب ہونے کے لئے بھی نصاب مقرر ہے، ان میں سے

(۱) سنن دار قطنی ، باب وجوب زکوٰۃ الذھب، حدیث نمبر:۱۸۸۵، نصب الرایۃ ، کتاب الزکوٰۃ ، فصل فی الذھب:۳۶۹/۲۔
(۲) نصب الرایۃ ، کتاب الدیات:۳۶۲/۴۔

امام احمدؒ کا ایک قول یہ ہے کہ ایک پیداوار اور دوسری پیداوار کو ملا کر اگر پانچ وسق پورے ہو جائیں تو زکوٰۃ واجب ہو جائے گی، حنابلہ میں علامہ ابوبکر نے اسی کو ترجیح دی ہے۔ (۱)

اثمان یعنی سونے اور چاندی میں ایک نصاب دوسرے سے ضم کر کے پورا کیا جائے گا یا نہیں؟ —— اس سلسلہ میں دو نقطۂ نظر ہیں: ایک نقطۂ نظر حنفیہ، مالکیہ، سفیان ثوریؒ اور امام اوزاعیؒ کا ہے اور امام احمدؒ کا بھی ایک قول اسی کے مطابق ہے کہ ضم کر کے نصاب پورا کیا جائے گا، (۲) —— ان حضرات کی دلیل یہ ہے کہ ان میں زکوٰۃ ہونے کی اصل وجہ ثمن ہونا ہے اور ثمن سونا بھی ہے اور چاندی بھی، غرض یہ اجتہاد و قیاس ہے اور کوئی حدیث اس سلسلہ میں موجود نہیں، علامہ کاسانیؒ نے نقل کیا ہے کہ بعض صحابہ کا اسی پر عمل تھا :

> ولنا : ماروی عن بكير بن عبد الله بن الاشج أنه قال : مضت السنة من أصحاب رسول الله صلى الله عليه وسلم بضم الذهب إلى الفضة والفضة إلى الذهب فى إخراج الزكوة . (۳)
>
> ہماری دلیل: وہ روایت ہے جو بکیر سے مروی ہے کہ رسول اللہ ﷺ کے صحابہ کا یہی طریقہ رہا ہے کہ زکوٰۃ نکالنے میں سونے کو چاندی اور چاندی کو سونے کے ساتھ ضم کیا جائے۔

مگر یہ روایت حدیث کی کتابوں میں نہیں ملتی ہے؛ البتہ ابن ابی شیبہؒ نے بعض تابعین —— ابراہیم نخعیؒ، حسن بصریؒ، مکحولؒ —— سے خود ان کا یہ مذہب نقل کیا ہے۔ (۴)

دوسرا نقطۂ نظر امام شافعیؒ، ابوثورؒ، داؤد ظاہریؒ، ابوعبیدؒ اور ابن ابی لیلیٰؒ وغیرہ کا ہے کہ سونے چاندی کو ایک دوسرے کے ساتھ ضم نہیں کیا جائے گا، ان حضرات کا نقطۂ نظر یہ ہے کہ سونا اور چاندی دو مستقل مال ہیں اور دونوں کے نصاب کی مقدار بھی الگ الگ ہے؛ اس لئے جیسے اونٹ اور بیل نیز کھجور اور کشمش کو ایک دوسرے کے ساتھ ضم نہیں کیا جاتا، اسی طرح ان کو بھی ایک دوسرے کے ساتھ ضم نہیں کیا جائے گا، (۵) —— حافظ ابن رشد حالاں کہ مالکی ہیں؛ لیکن اس مسئلہ میں اس دوسرے نقطۂ نظر کے حامی نظر آتے ہیں؛ چنانچہ رقمطراز ہیں :

(۱) دیکھئے: المغنی: ۲۰۳/۴، مع تحقیق دکتور عبداللہ بن عبدالمحسن وغیرہ۔

(۲) دیکھئے: بدائع الصنائع: ۱۰۶/۲، بداية المجتهد: ۲۶۵/۱، المغنی: ۲۰۳/۴-۲۰۶۔

(۳) بدائع الصنائع ، كتاب الزكوٰة ، مقدار الواجب فيه: ۱۰۶/۲۔

(۴) مصنف ابن ابی شیبه ، کتاب الزکوٰة، حدیث نمبر: ۸۰-۹۹۷۸۔

(۵) دیکھئے: كتاب الأم للشافعی ، كتاب الزكوٰة : ۴۰/۲، المجموع ، باب زكوٰة الذهب والفضة : ۳۴۸/۵، البيان فی مذهب الامام الشافعی: ۲۸۵/۳-۲۸۶، المغنی لابن قدامة: ۲۰۳/۴-۲۰۶۔

و سبب هذا الارتباك مارا موه من أن يجعلوا من شيئين نصابهما مختلف في الوزن نصابا واحداً ، وهذا كله لا معنى له ، ولعل من رام ضم أحدهما إلى الآخر فقد أحدث حكما في الشرع حيث لا يحكم ؛ لأنه قد قال بنصاب ليس هو بنصاب ذهب ولا فضة .(۱)

اس طرح ضم کرنے کا سبب یہ ہے کہ ان حضرات نے دو ایسی چیزوں سے ایک نصاب تیار کیا ہے جن کا نصاب وزن کے اعتبار سے مختلف ہے اور اس کی کوئی وجہ نہیں ہے، جن حضرات نے چاندی سونے میں سے ایک کو دوسرے سے ضم کیا ہے، انھوں نے شریعت میں ایک ایسے حکم کا اختراع کیا ہے کہ شریعت خود ان کا حکم نہیں دیتی ہے، اس لئے کہ وہ ایک ایسی چیز کو نصاب قرار دیتے ہیں جو نہ سونے کا نصاب ہے اور نہ چاندی کا۔

غرض کہ سونے اور چاندی کو ایک دوسرے سے ضم کر کے نصابِ زکوٰۃ کی تکمیل ہوگی یا نہیں؟ —— اس میں ائمہ اربعہ کے درمیان اختلاف ہے، جو لوگ ضم کے قائل نہیں ہیں، ان کے پیش نظر یہ ہے کہ اس پر کوئی نص موجود نہیں ہے اور سونے اور چاندی کے علاوہ دوسرے اموال میں ضم کا طریقہ بالاتفاق اختیار نہیں کیا جاتا، اس کا تقاضہ ہے کہ سونے اور چاندی کے معاملہ میں بھی ضمِ نصاب کا اُصول نہیں اپنایا جائے، اور جو فقہاء ضم نصاب کے قائل ہیں، ان کے پیش نظر یہ ہے کہ یہ دونوں ثمن کے قبیل سے ہیں؛ اس لئے اتحاد مقصد کے اعتبار سے یہ ایک ہی شئے کے حکم میں ہوں گے۔

صاحبین کا نقطۂ نظر —— موجودہ حالات سے ہم آہنگ

۹- پھر جو فقہاء ضم نصاب کے قائل ہیں، ان میں بھی امام ابوحنیفہؒ کے نزدیک قیمت کے اعتبار سے ان دونوں کو ضم کیا جائے گا، یعنی اگر کچھ مقدار سونے کی ہو اور کچھ مقدار چاندی کی اور دونوں کی قیمت بحیثیت مجموعی چاندی کے نصاب کو پہنچ جائے تو زکوٰۃ واجب ہو جائے گی، جب کہ دوسرے فقہاء امام مالکؒ، امام ابو یوسفؒ، امام محمدؒ وغیرہ کے نزدیک اجزاء کے اعتبار سے ضم کیا جائے گا، یعنی سونے کے نصاب کا ایک متناسب حصہ مثلاً نصف یا ایک تہائی موجود ہو اور چاندی کے نصاب کا نصف یا دو تہائی موجود ہو تو اب زکوٰۃ واجب ہوگی، امام احمدؒ سے جو ایک قول ضم نصاب کا منقول ہے تو ان کے نزدیک ضم نصاب کی یہی صورت ہے، —— امام صاحبؒ کا نقطۂ نظر یہ ہے کہ قیمت کے لحاظ سے ضم کرنے میں فقراء کا فائدہ ہوگا اور بعض ایسی صورتوں میں زکوٰۃ واجب ہوگی، جن میں ضم بالاجزاء کے

(۱) بداية المجتهد:۱/۲۵۸۔

اُصول پرزکوٰۃ واجب نہیں ہوتی ،اور جمہور کا نقطۂ نظر یہ ہے کہ نصاب سونے اور چاندی کا مقرر کیا گیا ہے نہ کہ اس کی قیمت کا؛اس لئے اصل شئے ہی کا اعتبار ہوگا۔(۱)

۱۰- امام ابوحنیفہؒ نے ضم بالقیمۃ کا جو اُصول اختیار فرمایا، وہ اس زمانے میں جب کہ سونے اور چاندی کی قیمت میں مناسبت تھی، ان حالات میں ضم بالقیمۃ اور ضم بالا جزاء کے درمیان اپنی حقیقت کے اعتبار سے کوئی بڑا فرق نہیں تھا، اب صورتِ حال یہ ہے کہ امام صاحب کے اُصول پر اگر کوئی شخص پانچ تولے سونے یعنی اسی ہزار سے زیادہ روپے کی مالیت کا مالک ہوتو اس پر زکوٰۃ واجب نہیں ہوگی اور اگر کوئی شخص ایک تولہ سونا اور ایک تولہ چاندی کا مالک ہو جس کی قیمت ساڑھے سترہ ہزار کے اندر ہوگی تو اس پر زکوٰۃ واجب ہوجائے گی ،اس طرح اگر غور کیا جائے تو ضم نصاب فقراء کے حق میں نافع ہونے کے بجائے نقصاندہ ہوجائے گا، وہ زکوٰۃ لینے کے حق سے محروم تو ہوں گے ہی، اُلٹے انھیں زکوٰۃ ادا کرنی ہوگی ؛اس لئے موجودہ حالات میں صاحبین کا قول زیادہ قابل عمل محسوس ہوتا ہے۔

خلاصۂ بحث

۱۱- حاصل یہ ہے کہ :

(الف) اگر کسی شخص کے پاس صرف سونا ہوتو سونے کے مقررہ نصاب پر ہی زکوٰۃ واجب ہوگی۔

(ب) اگر کسی شخص کے پاس صرف چاندی ہوتو چاندی کے نصاب پر ہی زکوٰۃ واجب ہوگی۔

(ج) اگر کسی شخص کے پاس کچھ مقدار سونے کی اور کچھ مقدار چاندی کی ہوتو ضم بالا جزاء کے اُصول پر عمل ہوگا نہ کہ ضم بالقیمۃ کے قاعدہ پر۔

(د) روپے اور مالِ تجارت کے لئے سونے کا نصاب معیارِ زکوٰۃ ہوگا نہ کہ چاندی کا۔

(ہ) اگر کسی شخص کے پاس مقدارِ نصاب سے کم روپے یا اس سے کم مالِ تجارت ہو اور کچھ سونا ہوتو سونے کے ساتھ ضم بالقیمۃ کر کے زکوٰۃ واجب قرار دی جائے گی ؛ کیوں کہ جب ان دونوں چیزوں کے لئے سونے کو معیار مانا گیا تو یہ بھی سونے ہی کے حکم میں ہے۔

(و) حرمانِ زکوٰۃ کے لئے بھی سونے کا نصاب ہی معیار ہوگا اور جس شخص پر زکوٰۃ واجب ہوتی ہو، اگر وہ اپنی بنیادی ضروریات کے علاوہ سونے کے نصاب کے بقدر مال کا مالک نہ ہوتو اس کے لئے زکوٰۃ لینا جائز ہوگا۔

هذا ماعندی ، والله اعلم بالصواب ، وعلمهٗ أتم وأحكم .

○ ○ ○

(۱) دیکھئے:بدائع الصنائع ، کتاب الزکوٰۃ :۱۰۷/۲،ردالمحتار ، باب زکوٰۃ المال :۲۳۴/۳،بدایۃ المجتهد ، ضم الذهب على الفضة:۲۶۵/۱،المغنی:۲۰۶/۴۔

غیر مسلم ممالک کی عدالتوں سے طلاق کے فیصلے

غیر مسلم ممالک میں آباد مسلمان اقلیتوں کے لئے ایک اہم مسئلہ یہ ہے کہ عدالتی فیصلوں کا حکم ان کے لئے کیا ہوگا؟ اس سلسلہ میں چند باتیں قابل غور ہیں :

۱- کیا غیر مسلم مسلمانوں کے معاملہ میں شرعاً قاضی ہوسکتا ہے؟

۲- اگر غیر مسلم حکومت کی طرف سے مسلمان قاضی مقرر کیا جائے تو مسلمانوں کے حق میں اس کے فیصلہ کی حیثیت کیا ہوگی؟

۳- کیا غیر مسلم دو مسلمانوں کے درمیان حکم بن سکتا ہے؟

۴- کیا غیر مسلم ایسے معاملات میں مسلمانوں کا وکیل بن سکتا ہے جو خالص شرعی نوعیت کے ہوں؟

۵- اگر غیر مسلم قاضی نہیں ہوسکتا ہے تو تمام معاملات میں یا کچھ مخصوص معاملات میں؟

غیر مسلم جج

۱- بنیادی طور پر ہر انسان کو اپنے معاملات میں خود ہی تصرف کرنے کا حق حاصل ہے، اسی لئے تمام عقود میں تراضی کو ضروری قرار دیا گیا ہے اور تمام فسوخ میں بھی طرفین کی رضامندی ضروری ہے، سوائے اس صورت کے جس میں شریعت نے کسی ایک فریق کو ایک طرفہ طور پر اس معاملہ کے فسخ کرنے کا اختیار دیا ہو؛ البتہ جب کسی نقص کی وجہ سے وہ قوت فیصلہ سے محروم ہوتا ہے تو وہ بذات خود تصرف نہیں کرسکتا؛ جیسے نابالغ، مجنون اور سفیہ، سفیہ بھی امام ابوحنیفہؒ کے نزدیک پچیس سال کی عمر ہونے کے بعد تصرف کا مجاز ہوجاتا ہے؛ لیکن جمہور کے نزدیک جب تک اس کا شعور پختہ نہ ہوجائے اور سفاہت کی کیفیت ختم نہ ہوجائے، وہ مسلوب الاختیار رہتا ہے (۱) اور اس کا عقد یا فسخ معتبر نہیں ہوتا ہے، اسی طرح بعض اوقات مفاد عامہ کے تحت حکومت کو بعض لوگوں کے اختیارات سلب کرلینے کا حق

---

(۱) دیکھئے: ردالمحتار مع الدر المختار، کتاب الحجر: ۲۱۸/۹-۲۱۹، ط: دیوبند۔

حاصل ہوتا ہے: جیسے مفتی ماجن اور طبیب جاہل (۱) مفتی ماجن (آوارہ خیال مفتی) کے اختیارات اس لئے سلب کر لئے جاتے ہیں کہ اس کا تصرف دینی اعتبار سے لوگوں کے لئے نقصاندہ ہوسکتا ہے، اور طبیب جاہل کے اختیارات اس لئے سلب کر لئے جاتے ہیں کہ اس کی وجہ سے لوگوں کی صحت اور زندگی کو ضرر پہنچ سکتا ہے۔

اگر کوئی شخص تصرف کرنے کا اختیار نہ رکھتا ہو یا رکھتا ہو؛ لیکن اس کا صحیح استعمال نہ کرتا ہو تو افراد اور سماج کے مفادات کے تحفظ کے لئے شریعت حقِ تصرف دوسروں کی طرف منتقل کرتی ہے، اسی کو فقہ کی اصطلاح میں 'ولایت' کہتے ہیں؛ چنانچہ ولایت کی تعریف اس طرح کی گئی ہے:

والولاية تنفيذ القول على الغير .(۲)

ولایت دوسرے پر اپنی رائے کو نافذ کرنا ہے۔

ولایت کی بنیادی طور پر دو قسمیں ہیں: ولایت خاصہ اور ولایت عامہ۔

ایک شخص کو دوسرے شخص کی ذات یا املاک میں تصرف کا جو حق حاصل ہوتا ہے، وہ ولایت خاصہ ہے: جیسے لڑکوں پر باپ کی ولایت اور باپ موجود نہ ہوں تو دادا یا دوسرے قریبی رشتہ داروں کی ولایت۔

ولایت عامہ: ایسی ولایت ہے جو کسی شخص کے ذمہ دار ہونے کی حیثیت سے اس کو عام مسلمانوں اور ملک کے باشندوں پر حاصل ہو، جیسے امیر اور قاضی کی ولایت، امیر کے احکام جو عام مسلمانوں پر واجب الطاعت ہیں اور قاضی کے فیصلے جو فریقین کے لئے قابل نفاذ ہیں، اس کی بنیاد یہی 'ولایت عامہ' ہے۔

ولایت کے سلسلہ میں اُصول یہ ہے کہ مسلمانوں پر کافر کو ولایت حاصل نہیں ہوسکتی؛ جیسا کہ اللہ تعالیٰ کا ارشاد ہے: ''**وَلَن يَجْعَلَ اللهُ لِلْكَافِرِيْنَ عَلَى الْمُؤْمِنِيْنَ سَبِيْلاً**'' (النساء:۱۴۱) نیز فرمایا گیا: ''**وَالْمُؤْمِنُوْنَ وَالْمُؤْمِنَاتُ بَعْضُهُمْ أَوْلِيَاءُ بَعْضٍ**'' (التوبۃ:۷۱) اسی طرح فرمایا گیا: ''**لَا يَتَّخِذِ الْمُؤْمِنُوْنَ الْكَافِرِيْنَ أَوْلِيَاءَ مِن دُوْنِ الْمُؤْمِنِيْنَ**'' (آل عمران:۲۸) اسی بنیاد پر اُمت کا اجماع ہے کہ اگر اولاد مسلمان ہو اور باپ کافر ہو تو والد کو اپنے مسلمان بیٹے پر ولایت حاصل نہیں ہوگی؛ چنانچہ علامہ کاسانیؒ فرماتے ہیں:

لا ولاية للكافر على المسلم ؛ لأنه لا ميراث بينهما .(۳)

اسی سلسلہ میں علامہ ابن قدامہؒ رقمطراز ہیں:

...... فلا يثبت لكافر ولاية على مسلمة ، وهو قول عامة أهل العلم

(۱) دیکھئے: ردالمحتار مع الدرالمختار، کتاب الحجر: ۹/۲۱۴-۲۱۵، مع تحقیق: عادل واحد۔

(۲) الدرالمختار: ۲/۱۹۱، نیز دیکھئے: کتاب التعریفات: ۲۸۲۔

(۳) بدائع الصنائع: ۲/۵۰۰۔

أيضاً ، قال ابن المنذر : أجمع عامة من نحفظ عنه من أهل العلم على هذا .(۱)

......کافر کو مسلمان عورت پر ولایت حاصل نہیں ہوسکتی اور یہی اکثر اہل علم کا قول ہے، علامہ ابن منذر کہتے ہیں کہ میں جن اہل علم کی آراء سے واقف ہوں وہ قریب قریب اس پر متفق ہیں۔

قاضی کو بھی مسلمانوں پر ولایت عامہ حاصل ہوتی ہے اور وہ اسی حیثیت سے نکاح فسخ کرتا ہے؛ کیوں کہ شوہر پر یہ بات واجب ہے کہ یا تو بیوی کے حقوق ادا کرتے ہوئے اسے رکھے یا پھر بہتر طریقہ پر اسے چھوڑ دے ''فَإِمْسَاكٌ بِمَعْرُوفٍ أَوْ تَسْرِيحٌ بِإِحْسَانٍ ''(البقرۃ:۲۲۹) اگر شوہر امساک بالمعروف بھی نہیں کرتا اور تسریح بالاحسان بھی نہیں، تو یہ ظلم کا ارتکاب اور عورتوں کو ضرر میں مبتلا کرنا ہے اور دفع ضرر قاضی کا فریضہ ہے؛ لہٰذا اسے جو ولایت عامہ حاصل تھی، اسی حیثیت سے وہ اس مرد کی طرف سے تفریق کر دیتا ہے؛ چنانچہ غیر مسلم کو چوں کہ مسلمانوں پر ولایت حاصل نہیں، اس لئے فقہاء اس بات پر قریب قریب متفق ہیں کہ غیر مسلم مسلمانوں پر قاضی نہیں ہوسکتا۔

فقہاء حنفیہ میں عیسیٰ بن عثمان غزی فرماتے ہیں :

...... فلا تصح ولاية الكافر في ذلك ، لأن القضاء ولاية ولا ولاية لكافر على مسلم في أدنى الولايات فكيف بولاية القضاء التي هي أعلى الولايات بمقتضى تطبيق شرع الله وتنفيذ أحكامه ، قال تعالىٰ : ''وَلَن يَجْعَلَ اللهُ لِلْكَافِرِيْنَ عَلَى الْمُؤْمِنِيْنَ سَبِيْلاً ''(النساء:۱۰).(۲)

......اس سلسلے میں کافر کی ولایت صحیح نہیں ہوگی، اس لئے کہ قضاء ولایت ہے اور کافر کو مسلمان پر معمولی درجہ کی ولایت ہی حاصل نہیں ہوسکتی، چہ جائیکہ ولایت قضاء کہ وہ تو سب سے اعلیٰ درجہ کی ولایت ہے، اس لئے کہ وہ اللہ کی شریعت کو نافذ کرتا ہے اور اس کے احکام کو منطبق کرتا ہے؛ چنانچہ اللہ تعالیٰ نے فرمایا: کہ اللہ تعالیٰ نے کافروں کو مسلمانوں پر اختیار نہیں ہے۔

نیز علامہ ابن عابدین شامیؒ فرماتے ہیں :

---

(۱) المغنی:۳۶۷/۹۔

(۲) ادب القضاء للغزی:۱۵۔

...... وبه علم أن تقليد الكافر صحيح وإن لم يصح قضاء ه على المسلم حال كفره .(۱)

......اس سے معلوم ہوا کہ کافر کو قاضی مقرر کرنا درست ہے؛ اگر چہ کہ حالت کفر میں مسلمان کے خلاف اس کا فیصلہ درست نہیں ؛ البتہ غیر مسلموں پر اس کا فیصلہ نافذ ہوسکتا ہے۔

یہی نقطۂ نظر فقہاء مالکیہ کا ہے؛ کیوں کہ شہادت کا درجہ قضاء سے کم تر ہے اور مالکیہ نے صراحت کی ہے کہ مسلمانوں کے معاملہ میں یہود ونصاریٰ کی شہادت معتبر نہیں :

ولا تجوز شهادة اليهود ولا النصارىٰ فيما بين المسلمين حتى يسلموا . (۲)

اسی کے قائل شوافع ہیں :

فلا يجوز أن يكون كافراً ولا فاسقاً ؛ فإن تولى القضاء وهو عدل ثم فسق ...... بطلت ولايته .(۳)

کافر اور فاسق قاضی نہیں ہوسکتا، اگر اسے قضاء کا عہدہ سونپا گیا؛ جب کہ وہ عادل تھا پھر فاسق ہوگیا......تو اس کی ولایت باطل ہوگئی۔

فقہ حنبلی کے ترجمان علامہ ابن قدامہؒ فرماتے ہیں :

ولا يولى قاضٍ حتى يكون بالغاً مسلماً حراً عدلاً . (۴)

بالغ مسلمان آزاد اور عادل شخص کو ہی قاضی مقرر کیا جاسکتا ہے۔

غرض کہ قریب قریب فقہاء کا اس بات پر اتفاق ہے کہ مسلمانوں پر غیر مسلم قاضی نہیں ہوسکتا ہے، اور قاضی کے لئے مسلمان ہونے کی شرط اس بات کو شامل ہے کہ غیر مسلم قاضی کا فیصلہ مسلمانوں کے حق میں معتبر نہیں۔

غیر مسلم حکومت کی طرف سے مسلمان قاضی

۲- اگر غیر مسلم حکومت کی طرف سے مسلمانوں کے مسائل کے لئے مسلمان قاضی مقرر کیا جائے تو اس کا فیصلہ نافذ ہوگا یا نہیں؟ ــــ اس سلسلہ میں فقہاء کی صراحت موجود ہے کہ غیر مسلم حکومت کے مقرر کئے ہوئے مسلمان

(۱) ردالمحتار:۸/۲۴۔
(۲) المدونة الكبرىٰ :۴/۸۱۔
(۳) البيان:۱۳/۲۰،ط:دارالمنهاج۔
(۴) المغنى:۱۴/۱۲۔

قاضی کا فیصلہ بھی شرعاً معتبر ہے؛ چنانچہ علامہ علاء الدین حصکفیؒ فرماتے ہیں :

ویجوز تقلد القضاء من السلطان العادل والجائر ولو کافراً ، (۱) قوله : (ولو کافراً) فی التاتار خانیه : الإسلام لیس بشرط فیه ، أي في السلطان الذي یقلد . (۲)

سلطان عادل ہو یا ظالم ؛ اگر چہ کہ کافر ہو پھر بھی اس کی طرف سے قاضی مقرر کرنا جائز ہے...... تاتارخانیہ میں ہے : کہ جو سلطان قاضی مقرر کر رہا ہے، اس کا مسلمان ہونا ضروری نہیں۔

نیز ابن قاضی سماوہ فرماتے ہیں :

وکل مصر فیه وال مسلم من جهة الکفار تجوز فیه إقامة الجمعة والأعیاد ، وأخذ الخراج وتقلید القضاء وتزویج الأیامی لاستیلاء المسلم علیهم ، وأما طاعة الکفرة فهي موادعة ومخادعة . (۳)

جن شہروں میں غیر مسلموں کی جانب سے مسلمان والی مقرر ہوں ، ان میں جمعہ وعیدین قائم کرنا، خراج وصول کرنا، قاضی مقرر کرنا، جن کے اولیاء نہ ہوں ان کا نکاح کرنا درست ہے؛ کیوں کہ مسلمانوں پر ایک مسلمان ہی کو حاکمانہ حیثیت حاصل ہے، رہ گیا کافروں کی اطاعت کرنا تو وہ بہ طور صلح اور حیلہ کے ہے۔

اس سلسلہ میں فقہاء احناف کی کتابوں میں زیادہ صراحت ملتی ہے؛ لیکن دوسرے فقہاء کے اُصول وقواعد کے لحاظ سے یہی نقطۂ نظر ان کا بھی ہونا چاہئے ، — غرض کہ غیر مسلم حکومت کا مقرر کیا ہوا مسلمان قاضی یا مجسٹریٹ اگر فیصلہ کرے تو مسلمانوں کے حق میں اس کا فیصلہ معتبر ہوگا۔

غیر مسلم بحیثیت حَکَم

۳- کیا غیر مسلم مسلمانوں کے درمیان حکم ہو سکتے ہیں؟ — اس سلسلہ میں فقہاء کا نقطۂ نظر یہ ہے کہ جو شخص قاضی بننے کا اہل ہو، وہی حکم بھی ہوسکتا ہے؛ چنانچہ ''الموسوعۃ الفقہیۃ'' میں ہے :

...... أن یکون أهلاً لولایة القضاء ، وعلی ذلک إتفاق المذاهب الأربعة ، علی خلاف فیما بینهما فی تحدید عناصر تلک الأهلیة . (۴)

(۱) الدر المختار مع الرد:۴۳/۸۔ (۲) ردالمحتار:۴۳/۸۔

(۳) جامع الفصولین:۱۴/۱، ط: کتب خانہ کراچی۔ (۴) الموسوعة الفقهیة:۲۳۷/۱۸۔

......حکم بننے کے لئے ضروری ہے کہ وہ قاضی ہونے کا اہل ہو،اس پر مذاہب اربعہ کا اتفاق ہے؛ البتہ خود اہلیت قضاء کے لئے کیا شرطیں ہیں؟ اس کی تحدید میں اختلاف ہے۔

اور فقہاء اس بات پر متفق ہیں کہ مسلمان ہی قضاء کا اہل ہوسکتا ہے، غیر مسلم اس کا اہل نہیں ہوسکتا (۱)؛ چنانچہ فقہاء نے خود تحکیم کے مسئلہ میں بھی اس کی صراحت کی ہے،فقہاء حنفیہ میں علامہ ظہیرالدین مرغینانی فرماتے ہیں :

ولا يجوز تحكيم الكافر ...... لانعدام أهلية القضاء اعتباراً بأهلية الشهادة .(۲)

کافر کو حکم بنانا جائز نہیں......اس لئے کہ وہ قاضی بننے کا اہل نہیں،گواہ بننے کی اہلیت پر قیاس کا تقاضا یہی ہے۔

......علامہ داماد آفندی نے بھی اس کی صراحت کی ہے :

فلو حكما عبداً أو صبياً أو ذمياً ...... لم يصح .(۳)

اگر دونوں فریق کسی غلام یا نابالغ یا کسی ذمی کو حکم بنادیں......تو درست نہیں۔

علامہ دسوقی مالکیؒ کا بیان ہے :

وجاز ...... تحكيم رجل غير خصم ...... وغير جاهل وكافر ...... فإذا حكما خصماً أو جاهلاً أو كافراً لم ينفذ حكمه .(۴)

ایسے شخص کو حکم بنانا جائز ہے جو فریق نہ ہو، جاہل اور کافر نہ ہو، اگر کسی فریق کو، جاہل یا کافر شخص کو حکم بنادیا تو اس کا فیصلہ نافذ نہیں ہوگا۔

گویا کہ حکَم کو بھی ان لوگوں پر ولایت حاصل ہوتی ہے، جنھوں نے اس کو حکم بنایا ہو اور غیر مسلم کو مسلمانوں پر ولایت حاصل نہیں ہوسکتی؛ اس لئے فقہاء کا نقطۂ نظر ہے کہ غیر مسلم، مسلمانوں کے مسائل میں حکم بھی نہیں بن سکتا۔

طلاق کے لئے غیر مسلم کو وکیل بنانا

۴- جہاں تک غیر مسلموں کو طلاق کے مسئلہ میں وکیل بنانے کی بات ہے تو فقہاء حنفیہ کے یہاں صراحت

---

(۱) دیکھئے:الموسوعة الفقهية:۲۹۱/۳۳-۹۳،اهلية القضاء۔

(۲) هدايه:۱۵۱/۳،نیز دیکھئے:فتح القدير:۹۶/۷،باب التحكيم ، ردالمحتار:۴۲/۸،كتاب القضاء۔

(۳) مجمع الأنهر:۱۷۳/۱۔ (۴) حاشية الدسوقی:۱۲/۶-۱۳۔

ملتی ہے کہ وکیل کے لئے صرف عاقل ہونا ضروری ہے، اور علامہ کاسانیؒ نے صراحت کی ہے کہ اگر کسی شخص کو وکیل بنایا گیا اور پھر وہ مرتد ہو گیا تو باوجود ارتداد کے وکالت ختم نہیں ہوگی :

وأما الذی یرجع إلی الوکیل فھو أن یکون عاقلاً فلا تصح وکالة المجنون والصبی الذی لا یعقل …… وکذا ردة الوکیل لا تمنع صحة الوکالة فتجوز وکالة المرتد . (۱)

وکیل سے متعلق شرطوں میں سے یہ ہے کہ وہ عاقل ہو؛ لہٰذا مجنون اور بے شعور بچے کی وکالت صحیح نہیں ہوگی، اس طرح وکیل کا مرتد ہو جانا وکالت کے صحیح ہونے میں مانع نہیں ہے۔

نیز کن چیزوں میں وکیل بنایا جا سکتا ہے؟ اس سلسلہ میں رقمطراز ہیں :

ویجوز التوکیل بالصلح والإبراء ، ویجوز بالطلاق والعتاق والإجارة والإستئجار الخ . (۲)

لہٰذا مرتد کو بھی وکیل بنانا جائز ہے اور صلح کرنے کا، بری کرنے کا، طلاق دینے کا، آزاد کرنے کا، کرایہ پر دینے کا اور کرایہ پر لینے کا وکیل بنایا جا سکتا ہے۔

کسی غیر مسلم کو مسلمان عورت کو طلاق دینے میں وکیل بنایا جا سکتا ہے یا نہیں؟ فقہاء شوافع کے یہاں اس سلسلہ میں دو اقوال ہیں؛ لیکن راجح یہی ہے کہ وکیل بنایا جا سکتا ہے، امام نوویؒ فرماتے ہیں :

…… فإن وکلہ فی طلاق مسلمة ، فوجھان ؛ لأنہ لا یملک طلاق مسلمة ؛ لکن یملک طلاقاً فی الجملة . (۳)

……اگر کسی غیر مسلم کو مسلمان عورت پر طلاق واقع کرنے کا وکیل بنایا تو اس سلسلے میں دو قول ہیں، اس لئے کہ اگرچہ وہ مسلمان عورت کو طلاق دینے کا مالک نہیں ہے؛ لیکن فی الجملہ طلاق دینے کا مالک تو ہے۔

اسی طرح علامہ شربینی رقمطراز ہیں :

…… توکیل المسلم کافراً فی طلاق المسلمة ، وقد یتصور وقوع طلاق کافر علی مسلمة بأن تسلم أولاً ویتخلف ثم یطلقھا فی العدة

---

(۱) بدائع الصنائع:۱۶/۵۔ (۲) بدائع الصنائع:۲۰/۵۔

(۳) روضة الطالبین وعمدة المفتین ، کتاب الوکالة:۳۰۰/۴۔

ثم يسلم قبل انقضائها فإن طلاقه واقع عليها .(١)

......کسی مسلمان عورت پر طلاق واقع کرنے کے سلسلے میں مسلمان کافر کو وکیل بنا سکتا ہے اور کسی کافر کے مسلمان عورت پر طلاق کا واقع کرنا فی الجملہ متصور ہے، اس طور پر کہ عورت پہلے مسلمان ہو جائے اور شوہر مسلمان ہونے میں دیر کرے، پھر عدت میں اسے طلاق دیدے، پھر عدت کے گذرنے سے پہلے وہ اسلام قبول کرلے تو اب اس کی حالت کفر کی یہ طلاق عورت پر واقع ہو جائے گی۔

یہی رائے فقہاء حنابلہ کی بھی ہے کہ غیر مسلم کو وکیل بنایا جا سکتا ہے :

صح أن يوكل فيه رجلاً كان أو إمرأة حراً أو عبداً مسلماً أو كافراً . (٢)

یہ درست ہے کہ جن اُمور میں وہ خود تصرف کر سکتا ہے اور اس میں نیابت کی بھی گنجائش ہو، کے سلسلے میں کسی شخص کو وکیل بنائے، خواہ وہ مرد ہو یا عورت، آزاد ہو یا غلام، مسلمان ہو یا کافر۔

البتہ ان کے یہاں ضروری ہے کہ جس چیز کا وکیل بنایا جار ہا ہو، وکیل کا بذات خود بھی اس قسم کا تصرف صحیح ہو، نیز شرعاً اس میں نیابت درست ہو :

وكل من صح تصرفه في شيء بنفسه ومما تدخله النيابة صح أن يؤكل فيه رجلاً كان أو امرأة ، حراً كان أو عبداً ، مسلماً كان أو كافراً ...... لا يصح أن يؤكل فيه كالمرأة في عقد النكاح وقبوله والكافر في تزويج مسلمة . (٣)

جس چیز میں کوئی شخص خود تصرف کر سکتا ہو، نیز اس میں نیابت کی گنجائش ہے تو اس میں اس کا کسی مرد یا عورت، آزاد یا غلام اور مسلمان یا کافر کو وکیل بنانا درست ہے ...... چنانچہ نکاح کے کرنے اور اس کے قبول کرنے میں عورت کو اور کسی مسلمان عورت کا نکاح کرنے میں کافر کو ولی نہیں بنایا جا سکتا۔

اب اگر علامہ شربینیؒ کی اس تشریح کو قبول کرلیا جائے — جو اوپر گذری ہے کہ فی الجملہ مسلمان عورتوں پر

(١) مغنی المحتاج:٢/٢١٩،کتاب الوکالۃ۔

(٢) الشرح الکبیر مع الإنصاف:١٣/٤٤٠۔

(٣) المغنی:٧/١٩٧-١٩٨۔

کافر کی طلاق کا واقع ہونا ممکن ہے — تو پھر حنابلہ کی رائے بھی یہی قرار پائے گی کہ غیر مسلم کو طلاق کا وکیل بنایا جاسکتا ہے؛ البتہ مالکیہ کے نزدیک غیر مسلم کو طلاق کا وکیل نہیں بنایا جاسکتا ہے :

ومنع توكيل كافر وهو أعم من الذمی .(۱)

کافر کو وکیل بنانے کی ممانعت ہے اور کافر کا لفظ ذمی سے عام ہے، یعنی ذمی اور حربی دونوں کو شامل ہے۔

خلاصہ یہ ہے کہ جمہور کے نزدیک غیر مسلم کو مسلمان عورت پر طلاق واقع کرنے کے لئے وکیل بنایا جاسکتا ہے۔

کن معاملات میں غیر مسلم جج کا فیصلہ معتبر ہے اور کن میں نہیں؟

۵- غیر مسلم ممالک کی عدلیہ کے کونسے فیصلے مسلمانوں کے حق میں معتبر ہوں گے اور کونسے نہیں؟ — اس سلسلہ میں جو بات سمجھ میں آتی ہے وہ یہ ہے کہ بنیادی طور پر یہ فیصلے دو قسم کے ہو سکتے ہیں :

(الف) وہ معاملات جن کے لئے سبب شرعی کا پایا جانا کافی ہے، قضاء قاضی ضروری نہیں ہے، ایسے معاملات میں اگر شریعت میں معتبر ثبوت کی بنیاد پر عدالت فیصلہ کردے تو وہ قابل نفاذ ہوگا؛ جیسے ورثہ کا حقِ میراث مورث کی موت کی وجہ سے ترکہ میں ثابت ہو چکا ہے، عدالت نے شرعی ہدایت کے مطابق ترکہ تقسیم کردیا، یا خریدار کی ملکیت مبیع پر عقد بیع کی وجہ سے ثابت ہو چکی ہے، بائع قبضہ نہیں دے رہا تھا، عدالت نے فیصلہ دیا کہ بائع خریدار کو وہ شئ حوالہ کردے تو یہاں ورثہ یا خریدار کے حقوق پہلے سے ثابت تھے، قاضی کے فیصلہ کی وجہ سے ثابت ہوا ہو، ایسا نہیں ہے، ایسے معاملات میں عدالت کا فیصلہ معتبر ہوگا۔

(ب) دوسرے قسم کے معاملات وہ ہیں جن میں محض سبب کا پایا جانا کافی نہیں؛ بلکہ اس کے لئے قاضی کا فیصلہ ضروری ہے، جیسے فسخ نکاح، ایسے مقدمات میں غیر مسلم جج کا فیصلہ کافی نہیں۔

تطبیقات

ان توضیحات کی روشنی میں راقم الحروف اس نتیجہ پر پہنچا ہے :

۱- اگر کوئی مسلمان مرد عدالت سے رُجوع ہو کہ اس پر طلاق واقع کردی جائے تو یہ اس کی طرف سے طلاق کے لئے عدالت کو وکیل بنانا ہوگا اور غیر مسلم کو وکیل بنایا جاسکتا ہے؛ اس لئے اس صورت میں طلاق واقع ہو جائے گی۔

۲- اگر عورت کی طرف سے طلاق کا مقدمہ دائر ہو، عدالت نے طلاق کا فیصلہ کیا اور شوہر کو طلب کر کے

---

(۱) الشرح الصغیر:۵۱۱/۳۔

اس کا اس پر دستخط لے لیا گیا تب بھی طلاق واقع ہو جائے گی؛ کیوں کہ یہ طلاق نامہ پر دستخط کرانے کے حکم میں ہوگا۔

۳- اگر عورت نے طلاق کا دعویٰ دائر کیا اور شوہر نے اپنے بیان تحریری میں لکھا کہ عدالت اس کے دعویٰ کو قبول کر سکتی ہے تو یہ بھی اس کی طرف سے توکیل طلاق ہوگی اور عدالت کا طلاق کے سلسلہ میں فیصلہ کرنا معتبر ہوگا۔

۴- اگر عورت نے طلاق کا دعویٰ کیا اور شوہر نے جواب میں عدالت سے کہا کہ وہ اس سلسلہ میں جو کچھ بھی کرنا چاہے، کر سکتی ہے، مجھے قبول و منظور ہوگا تو یہ بھی **السوال معاد فی الجواب** کے تحت طلاق کی توکیل سمجھی جائے گی اور عدالت کا طلاق دینا معتبر ہوگا۔

۵- اگر بیوی نے طلاق کا مقدمہ دائر کیا، شوہر نے جواب نہیں دیا اور رفع الزام سے اعراض کی بناء پر طلاق کا فیصلہ کیا گیا، یا شوہر نے طلاق دینے سے انکار کیا، اس کے باوجود عدالت نے طلاق واقع کر دی تو اس صورت میں عدالت کی طرف سے واقع کی جانے والی طلاق شرعاً معتبر نہیں ہوگی؛ کیوں کہ غیر مسلم قاضی نہیں ہوسکتا اور قاضی ہی فسخ نکاح کر سکتا ہے۔

۶- اگر میاں بیوی کے درمیان نزاع پیدا ہوا، دونوں مل کر عدالت گئے اور عدالت سے طالب ہوئے کہ وہ ان کے درمیان فیصلہ کر دے، عدالت نے ان کے معاملات سن کر اپنے طور پر فیصلہ کر دیا تو اس صورت میں بھی طلاق واقع نہیں ہوگی؛ کیوں کہ غیر مسلم کو حَکَم بنانا درست نہیں؛ البتہ عدالت کے فیصلہ کے بعد اگر شوہر کہتا ہے کہ میں نے اسے قبول کیا تو اب طلاق واقع ہو جائے گی؛ کیوں کہ اگر کوئی فضولی کسی سے کہے کہ میں نے تمہاری طرف سے تمہاری بیوی پر طلاق واقع کر دی ہے اور شوہر نے کہا کہ میں نے اسے جائز قرار دیا تو طلاق واقع ہو جائے گی۔

چند تجویزیں

ان حالات میں غیر مسلم ممالک کے مسلمانوں کے لئے بہ طور لائحہ عمل کے تین باتیں اہم ہیں:

۱- مسلمانوں کو حکومتوں سے مطالبہ کرنا چاہئے کہ وہ مسلمانوں کے لئے الگ مسلمان قاضی یا مسلمان مجسٹریٹ کا تقرر کرے جو آئینی مسائل سے متعلق مقدمات میں فیصلے کیا کرے؛ تاکہ مسلمان آزادی کے ساتھ اپنے مذہب پر عمل کر سکیں؛ کیوں کہ فقہاء نے صراحت کی ہے کہ غیر مسلم حکومت کی طرف سے مقرر کیا ہوا مسلمان والی مسلمانوں کے مذہبی اُمور کو طے کر سکتا ہے:

> **وكل مصر فيه وال مسلم من جهة الكفار تجوز فيه إقامة الجمعة والأعياد ...... وتقليد القضاء وتزويج الأيامى .(۱)**

(۱) جامع الفصولین: ۱۴/۱۔

چنانچہ اس وقت ماریشس میں یہی نظام قائم ہے اور ہندوستان میں بھی قدیم زمانہ سے بھوپال میں یہی طریقہ مروج رہا ہے، ہندوستان میں آزادی سے پہلے اور آزادی کے بعد کئی بار اس کی کوشش کی گئی؛ مگر نتیجہ خیز نہ ہوسکی۔

۲- جہاں یہ سہولت میسر نہ ہو وہاں مسلمانوں پر واجب ہے کہ وہ اپنے طور پر کسی امیر کو منتخب کریں، جو اس کے لئے قاضی مقرر کرے اور اگر کسی امیر پر اتفاق نہ ہو سکے تو کم سے کم کسی قاضی پر اتفاق کریں اور وہ ایسے مقدمات کے فیصلے کرے؛ چنانچہ علامہ کمال الدین ابن ہمامؒ (متوفی: ۸۶۸ھ) فرماتے ہیں :

> **و إذا لم يكن سلطان ولا من يجوز التقلد منه كما هو في بعض بلاد المسلمين غلب عليهم الكفار كقرطبة في بلاد المغرب الآن ...... يجب عليهم أن يتفقوا على واحد منهم يجعلونه والياً فيولي قاضياً أو يكون هو الذي يقضي بينهم .(۱)**
>
> جب سلطان موجود نہ ہو اور نہ کوئی ایسا شخص جس کی طرف سے قاضی مقرر کیا جانا درست ہو؛ جیسا کہ مسلمانوں کے بعض ان شہروں کا حال ہے جن پر کافروں کو غلبہ حاصل ہو چکا ہے، جیسا کہ اس وقت مغرب کے علاقہ میں قرطبہ ہے......تو مسلمانوں پر واجب ہے کہ اپنے میں سے کسی ایک شخص پر متفق ہو جائیں اور اسے والی منتخب کرلیں، وہ قاضی کا تقرر کرے یا وہ خود لوگوں کے درمیان قضاء کا فریضہ انجام دے۔

یہ بات دوسرے فقہاء کے یہاں نسبتاً کم اور احناف کے یہاں زیادہ وضاحت کے ساتھ ملتی ہے؛ چنانچہ علامہ محمود بن اسرائیل نے جامع الفصولین (۱/۱۴، ط: کراچی) علامہ ابن بزاز کردری نے فتاویٰ بزازیہ (علی ہامش الہندیہ، کتاب السیر :۶/۳۱۱) علامہ ابن نجیم مصریؒ نے البحر الرائق (۶/۲۹۸) علامہ طحطاوی نے حاشیہ درمختار (باب الجمعہ :۱/۲۳۹) اور علامہ شامیؒ نے ردالمحتار (کتاب القضاء :۴/۳۰۸) میں پوری وضاحت کے ساتھ اس کا ذکر فرمایا ہے، اس سے نہ صرف مسلمانوں کے مسائل کو شریعت کے مطابق حل کرنے میں مدد ملے گی؛ بلکہ مسلمانوں کی اجتماعیت اور شیرازہ بندی میں بھی سہولت ہوگی۔

۳- غیر مسلم ممالک میں مسلمان اپنے نکاح نامے مرتب کریں اور کوئی ملی تنظیم اور جہاں امارت کا نظام قائم ہو وہاں امارت اس کا ریکارڈ رکھے، ان نکاح ناموں میں یا تو تفویض طلاق کی دفعہ رکھی جائے، جیسا کہ حضرت مولانا اشرف علی تھانویؒ نے ''الحیلۃ الناجزۃ'' میں تحریر کیا ہے اور ''اسلامک فقہ اکیڈمی انڈیا'' کے سیمینار

---

(۱) فتح القدیر:۶/۳۶۵۔

منعقدہ علی گڑھ نے بھی مسلمانوں کے سماجی مسائل کے حل کے لئے اس کو تجویز کیا ہے اور اہل علم کے لئے یہ بات محتاج اظہار نہیں کہ حنفیہ اور مالکیہ کے یہاں نکاح سے پہلے بھی تفویض طلاق ممکن ہے اور نکاح کے بعد تو تقریباً تمام ہی فقہاء کے نزدیک تفویض طلاق ہوسکتی ہے۔

دوسری صورت یہ ہے کہ نکاح نامہ میں ایک دفعہ تحکیم کی رکھی جائے ،یعنی عاقدین دارالقضاء یا شرعی پنچایت کو حکم بنائیں کہ ان کے درمیان ازدواجی مسائل سے متعلق جو بھی نزاع پیدا ہوگی ، وہ اس کے بارے میں فیصلہ کرنے کا مجاز ہوگا ، اسطرح ان کے ازدواجی مسائل کے متعلق مقدمات میں دارالقضاء کو قانونی حیثیت حاصل ہوجائے گی۔

خاص کر وہ ممالک جہاں رجسٹرڈ نکاح ہی قانون کی نظر میں معتبر ہوتا ہے اور نکاح کے بغیر مرد وعورت پر باہمی رضامندی سے ایک ساتھ رہنا ممنوع بھی نہیں ہے ، وہاں بہت سے مسلمان کورٹ میں گئے بغیر شرعی طریقہ پر اپنا نکاح کر لیتے ہیں ، جو اسلام کی نظر میں تو شوہر و بیوی ہیں ؛لیکن قانون کی نظر میں نہیں ، ایسے لوگ تفویض طلاق یا تحکیم کے اس معاہدہ سے خاص طور پر فائدہ اٹھا سکتے ہیں ۔

هذا ماعندي ، والله أعلم بالصواب ، وعلمهٗ أتم وأحكم .

اتفاقی اور منصوبہ بند تورّق

''وَرِق'' (راء کے زیر کے ساتھ) کے معنی چاندی کے سکہ کے ہیں، عربی زبان کے قاعدہ کے مطابق اس کے طلب کرنے کو ''تورّق'' کہتے ہیں، (۱) — فقہاء کی اصطلاح میں تورّق یہ ہے کہ انسان کوئی چیز اُدھار خریدے، پھر اسے فروخت کنندہ کے بجائے کسی اور کے ہاتھ نقد قیمت خریداری سے کم میں فروخت کردے؛ تاکہ اسے نقد رقم حاصل ہوجائے :

أن يشتری المرء سلعة نسيئة ، ثم يبيعها نقداً لغير البائع بأقل مما اشتراها به ، ليحصل بذلک علی النقد . (۲)

اس تعریف سے ظاہر ہوا کہ تورق میں خرید وفروخت کے دو معاملے ہوتے ہیں؛ لیکن پہلے خریدار کا اصل مقصد نقد رقم حاصل کرنا ہوتا ہے، اس سے ملتی جلتی ایک اور شکل ہے، جس کا فقہاء نے ''بیع عینہ'' کے نام سے ذکر کیا ہے، بیع عینہ کی شکل یہ تھی کہ ''الف'' کو مثلاً ایک ہزار روپے کی ضرورت ہوتی اور اسے اُمید نہیں ہوتی کہ ''ب'' اسے قرض کے طور پر یہ رقم دیدے گا، اور ''ب'' کی بھی خواہش ہوتی ہے کہ وہ اس پر کچھ نفع حاصل کرے تو ''الف'' ''ب'' سے ایک ہزار کی چیز اُدھار بارہ سو کے بدلہ خرید کرلیتا اور پھر ''ب'' سے وہی سامان ایک ہزار روپے نقد میں بیچ دیتا، اس طرح ''الف'' کو ایک ہزار روپے وصول ہوگئے اور ''ب'' کو دوسو روپے نفع مل گیا، امام ابویوسفؒ کی طرف منسوب ہے کہ یہ صورت جائز ہے اور اس میں کوئی کراہت نہیں؛ جب کہ امام محمدؒ سے اس صورت کے بارے میں منقول ہے :

هذا البيع في قلبي كأمثال الجبال ذميم اخترعه أَكَلَة الربا . (۳)

---

(۱) دیکھئے: لسان العرب لابن المنظور: ۳۷۵/۱۰، القاموس المحيط ، مصباح المنير، مادہ ''وَرِق''۔

(۲) الموسوعة الفقهية: ۱۷۴/۱۴۔

(۳) ردالمحتار: ۶۱۳/۷۔

میرے دل میں یہ بیع پہاڑ کی طرح معلوم ہوتی ہے، یہ ایسا برا طریقہ ہے جسے سود خواروں نے وضع کیا ہے۔

اور فتویٰ امام محمدؒ کے قول پر ہے —— اس تفصیل سے معلوم ہوا کہ تورّق اور عینہ میں فرق یہ ہے کہ عینہ صرف دوشخصوں کے درمیان وجود میں آتا ہے اور تورق میں ایک تیسرے شخص کی شمولیت بھی ہوتی ہے۔

حنفیہ کا نقطۂ نظر

تورق کا حکم کیا ہے؟ —— اس سلسلہ میں فقہاء کے درمیان اختلافِ رائے پایا جاتا ہے، جیسا کہ اوپر ذکر کیا گیا، حنفیہ کے یہاں بیع عینہ کے سلسلہ میں دوقول ہیں: ایک قول جواز کا ہے اور اس کے قائل امام ابو یوسفؒ ہیں، اور ایک قول امام محمدؒ کا ہے اور اس سلسلہ میں امام محمدؒ کا جو قول اوپر مذکور ہوا اس سے صاف معلوم ہوتا ہے کہ یہ کم از کم مکروہ تحریمی ہے، بیع عینہ کی ایک شکل تو یہی ہے، جس کا اوپر ذکر ہوا، جس میں دو افراد کے درمیان خرید وفروخت کا معاملہ ہوتا ہے اور بیع عینہ کی دوسری صورت بعینہٖ وہی ذکر کی گئی ہے، جسے 'تورق' کہا جاتا ہے؛ چنانچہ فتاویٰ عالمگیری میں ہے:

وقال بعضهم : تفسيرها أن يدخلا بينهما ثالثا فيبيع المقرض ثوبه من المستقرض بأثنى عشر درهما ويسلم إليه ، ثم يبيع المستقرض من الثالث الذى أدخلاه بينهما بعشرة ويسلم الثوب إليه ويأخذ منه العشرة ويدفعها إلى طالب القرض ، فيحصل لطالب القرض عشرة دراهم ويحصل لصاحب الثوب عليه اثنا عشر درهما ، كذا فى المحيط .(۱)

بعض حضرات نے کہا کہ عینہ سے مراد یہ ہے کہ دو آدمی اپنے درمیان تیسرے آدمی کو داخل کرلیں، قرض دہندہ اپنا کپڑا قرض لینے والے کے ہاتھ بارہ درہم میں فروخت کرلے اور اسے حوالہ کردے، پھر جس کو قرض مطلوب ہے، وہ اس تیسرے شخص سے —— جس کو ان دونوں نے درمیان میں داخل کیا تھا —— دس درہم میں فروخت کردے اور کپڑا اس کے حوالہ کردے، نیز اس سے دس درہم لے لے اور یہ تیسرا شخص طالب قرض کو یہ دس درہم دیدے، اس طرح طالب قرض کو دس درہم (نقد) حاصل ہوجائیں اور کپڑے والے کے اس کے ذمہ بارہ درہم ہوجائیں۔

(۱) الفتاویٰ الهندية:۲۰۸/۳،ط : مكتبه ماجد كونته۔

اسی طرح علامہ شامیؒ نے بعض مشائخ سے بیع عینہ کی تعریف اس طرح نقل کی ہے :

قال بعضهم : تفسيرها أن يأتي الرجل المحتاج إلى آخر ويستقرضه عشرة دراهم ولا يرغب المقرض في الإقراض طمعاً في فضل لا يناله بالقرض ، فيقول : لا أقرضك ولكني أبيعك هذا الثوب إن شئت باثني عشر درهما وقيمته في السوق عشرة ليبيعه في السوق بعشرة ، فيرضى به المستقرض فيبيعه كذلك ، فيحصل لرب الثوب درهمان وللمشتري قرض عشرة ، وقال بعضهم : هي أن يدخلا بينهما ثالثاً ....(۱)

بعض حضرات نے کہا: اس کی مراد یہ ہے کہ ایک محتاج شخص دوسرے کے پاس آئے اور اس سے دس درہم قرض طلب کرے، قرض دینے والا، قرض دینے کی طرف راغب نہ ہو، اسے لالچ ہو کہ قرض دے کر وہ کوئی نفع حاصل نہیں کرسکتا؛ لہٰذا وہ کہے کہ میں تمہیں قرض تو نہیں دوں گا؛ لیکن اگر چاہو تو میں تم سے بارہ درہم میں یہ کپڑا فروخت کرسکتا ہوں، جس کی قیمت بازار میں دس درہم ہو؛ تاکہ وہ اسے بازار میں دس درہم میں فروخت کرلے؛ چنانچہ طالب قرض اس پر رضامند ہوجائے اور وہ اس کو اسی طرح فروخت کرلے، اس طرح کپڑے کے مالک کو دو درہم کا نفع مل جائے اور خریدار کو دس درہم کا قرض، اور بعض لوگوں نے کہا: یہ خرید وفروخت کرنے والے اپنے درمیان تیسرے شخص کو داخل کرلیں۔

اس طرح کی اور بھی تصریحات فقہاء احناف کے یہاں ملتی ہیں، اس سے معلوم ہوا کہ احناف بھی کم از کم اس کے مکروہ ہونے کے قائل ضرور ہیں اور یہ کراہت بھی تحریمی ہے نہ کہ تنزیہی، اسی طرح علامہ ابن ہمامؒ نے بیع عینہ کی ایک صورت ''عینہ ثلاثیہ'' کے نام سے نقل کی ہے، وہ پوری طرح تورق کے مطابق ہے۔(۲)

مالکیہ کی رائے

مالکیہ اس کے عدم جواز ہی کے قائل ہیں؛ چنانچہ علامہ ابن رشد نے اپنی معروف کتاب ''البیان والتحصیل'' میں متعدد ایسی جزئیات نقل کی ہیں، جو اس نقطۂ نظر کو واضح کرتی ہیں (۳)؛ بلکہ امام مالک کی ایک روایت مروجہ تورّق کے

---

(۱) ردالمحتار علی الدر المختار: ۷/۵۴۱-۵۴۲۔

(۲) دیکھئے: فتح القدیر: ۶/۳۲۴۔ (۳) دیکھئے: ۷/۸۵-۸۶۔

سلسلہ میں بالکل واضح معلوم ہوتی ہے کہ وہ اس کے عدم جواز کے قائل ہیں :

وسئل مالک عن رجل ممن یعین ببیع السلعة من الرجل بثمن إلی آجل ، فاذا قبضها منه ابتاعها منه رجل حاضر کان قاعدا معهما فباعها منه ، ثم إن الذی باعها الاول اشتراها منه بعد ، و ذلک فی موضع واحد ، قال : لا خیر فی هذا وراٰه کانه محلّل فیما بینهما .(۱)

امام مالکؒ سے ایسے شخص کے بارے میں پوچھا گیا جو بیع عینہ کرتا ہو کہ وہ کسی شخص سے اُدھار سامان فروخت کرے، پھر جب خریدار اس پر قرضہ کرلے تو ایک اور شخص جو وہاں موجود ہے اور ان دونوں کے ساتھ بیٹھا ہوا ہے، اس سے خرید کرلے اور یہ خریدار اس کے ہاتھ بیچ دے، پھر پہلا فروخت کنندہ اس کے بعد دوسرے خریدار سے اسے خرید کرلے اور یہ سب کچھ ایک ہی جگہ پر ہو؟ تو انھوں نے فرمایا کہ اس میں کوئی خیر نہیں، ان کا نقطۂ نظر یہ ہے کہ گویا اس تیسرے شخص کو ان دونوں کے درمیان حلال کرنے کے لئے ہی رکھا گیا ہے۔

مالکیہ کے یہاں ایسے معاملات کے سلسلے میں ایک واضح اُصول ہے، جس کو علامہ قرافیؒ نے ذکر کیا ہے کہ ایسے معاملات میں اصل دیکھنے کی چیز یہ ہے کہ آپ کے قبضہ سے کیا گیا اور کیا چیز واپس آئی ؟ اگر اس کو سامنے رکھ کر سود پیدا ہو جاتا ہو، تو معاملہ کرنے والوں کے الفاظ وکلمات کا اعتبار نہیں :

والأصل أن ینظر ما خرج من الید وما خرج إلیها ، فإن جاز التعامل به صح وإلا فلا ، ولا تعتبر أقوالهما أي المتبایعین بل أفعالهما فقط ، فهذا هو تلخیص الفرق بین الذرائع التي یجب سدها والذرائع التي لا یجب سدها .(۲)

اصل یہ ہے کہ دیکھا جائے کہ اس کے ہاتھ سے کیا چیز گئی ہے اور کیا چیز اس کو واپس آئی ہے؟ اگر اس لحاظ سے معاملہ جائز قرار پاتا ہو تب تو درست ہے ورنہ نہیں، خرید وفروخت کرنے والوں کے اقوال کا اعتبار نہیں؛ بلکہ صرف ان کے افعال کا اعتبار ہے، ''وہ ذرائع جن کو روکنا واجب ہے اور جن کو روکنا واجب نہیں'' کے درمیان فرق کا خلاصہ یہی ہے۔

---

(۱) البیان والتحصیل:۸۹/۷۔ (۲) الفروق:۲۶۹/۳۔

شوافع کی نظر میں

سدذریعہ کے باب میں بمقابلہ مالکیہ اور دوسرے فقہاء کے امام شافعیؒ کے نزدیک سہولت ہے، امام شافعیؒ نے خود اپنی مایہ ناز تالیف ''کتاب الام'' میں اُدھار خرید وفروخت کی مختلف صورتوں پر تفصیل سے گفتگو کی ہے، انھوں نے تورق کی صورت تو صراحتاً ذکر نہیں کی ہے؛ لیکن عینہ کے جائز ہونے کی صراحت کی ہے، جس میں تیسرے آدمی کی شرکت کے بغیر فروخت کنندہ اور خریدار کے درمیان یہ عمل انجام پاتا ہے، تورق کا معاملہ تو اس کے مقابلہ نسبتاً خفیف ہے؛ کیوں کہ اس میں تیسرے آدمی کی بھی شرکت ہوتی ہے اور حیلہ کا پہلو نسبتاً ہلکا ہوجاتا ہے، تو یہ صورت تو بدرجۂ اولیٰ ان کے نزدیک جائز ہوگی؛ چنانچہ امام شافعیؒ فرماتے ہیں :

> **فإذا اشترى الرجل من الرجل السلعة فقبضه وكان الثمن إلى أجل ، فلا بأس أن يبتاعها من الذي اشتراها منه ومن غيره بنقد أقل أو أكثر مما اشتراه به ، إلخ . (۱)**
>
> جب ایک شخص دوسرے شخص سے سامان خریدے اور اس پر قبضہ کرلے، نیز قیمت اُدھار ہوتو اس میں حرج نہیں کہ جس نے اس سے خریدا ہے اسی کے ہاتھ یا کسی اور شخص سے وہ اس کو نقد فروخت کردے، خواہ وہ اس کی پہلی قوتِ خرید سے کم ہو یا زیادہ۔

امام شافعیؒ کی بنیادی فکر یہ ہے کہ معاملات میں ظاہر کا اعتبار کیا جائے گا نہ کہ نیت وارادہ کا :

> **أصل ما أذهب أن كل عقد كان صحيحاً في الظاهر لم أبطله بتهمة ولا بعادة بين المتبايعين ، وأجزته بصحة الظاهر ، وأكره لهما النية ، إذا كانت النية لو أظهرت كانت تفسد البيع .(۲)**
>
> میرا اُصولی نقطۂ نظر یہ ہے کہ جو معاملہ بظاہر صحیح ہو، میں اسے محض تہمت یا خرید وفروخت کرنے والے کے درمیان مروج عادت کی وجہ سے باطل قرار نہیں دے سکتا، میں تو بہ ظاہر درست ہونے کی وجہ سے اسے جائز قرار دوں گا؛ البتہ اس کی نیت کو ناپسند کرتا ہوں، اگر یہ نیت ظاہر کردی گئی تو پھر یہ معاملہ فاسد ہوجائے گا۔

چنانچہ علامہ نوویؒ نے بھی بیع عینہ کو جائز قرار دیا ہے اور لکھا ہے: ''**هذا هو الصحيح المعروف في كتب الأصحاب** '' البتہ ابواسحاق اسفرائنی اور شیخ ابومحمد سے نقل کیا گیا ہے کہ اگر بیچنے والے شخص کا یہی معمول ہوتو اس

---

(۱) کتاب الأم:۳/۶۸-۶۹۔

(۲) کتاب الأم:۳/۶۵۔

میں دوسری بیع پہلی بیع کے لئے مشروط سمجھی جائے گی اور دونوں ہی باطل ہو جائیں گی: وأفتى أبو إسحاق الإسفرايني والشيخ أبو محمد بأنه إذا صار البيع الثاني مشروطاً في الأول فيبطلان (۱)—— چنانچہ شوافع میں بھی متأخرین نے بیع عینہ کو مکروہ قرار دیا ہے، ان میں علامہ ابن حجر ہیثمی، شروانی، ابن قاسم، علامہ رملی اور شبراملسی کا ذکر ملتا ہے (۲)؛ لیکن جیسا کہ مذکور ہوا متأخرین کا یہ نقطۂ نظر بیع عینہ کے بارے میں ہے نہ کہ تورق کے بارے میں، تورق کا معاملہ چوں کہ عینہ سے کمتر ہے، اس لئے ممکن ہے کہ یہ صورت ان کے نزدیک بھی جائز ہو۔

حنابلہ کا نقطۂ نظر

تورّق کی اصطلاح اصل میں حنابلہ ہی کے یہاں ملتی ہے، امام احمدؒ سے اس سلسلہ میں دونوں طرح کا قول منقول ہے؛ لیکن قولِ راجح جائز ہونے کا ہے؛ چنانچہ فقہ حنبلی کی معروف کتاب ''کشاف القناع'' میں ہے :

> ولو احتاج إنسان إلى نقد فاشترى مالا يساوى مائة بمائة وخمسين مثلاً فلا بأس بذلك نص عليه، وهي أي : هذه المسألة، تسمّى مسألة التورّق من الورق وهي الفضة .(۱۸۶/۳)
>
> اگر کسی انسان کو نقد رقم کی ضرورت ہو اور وہ سو درہم کی چیز مثلاً ڈیڑھ سو درہم میں خرید کرے تو اس میں کوئی حرج نہیں ہے، امام محمدؒ کے یہاں اس کی صراحت ملتی ہے، اس مسئلہ کو تورق کہتے ہیں، جو ورق یعنی چاندی کے لفظ سے ماخوذ ہے۔

علامہ مرداویؒ اس قول کی ترجیح کو واضح کرتے ہوئے فرماتے ہیں: ''وهو المذهب وعليه الأصحاب ''(۳) دوسرے فقہاء نے بھی اس کے جائز ہونے کی صراحت کی ہے۔(۴)

لیکن فقہاء حنابلہ کی دو نمائندہ شخصیتیں علامہ ابن تیمیہؒ اور علامہ ابن قیمؒ نے پوری قوت اور صراحت کے ساتھ تورق کو ناجائز قرار دیا ہے؛ چنانچہ علامہ ابن قیم فرماتے ہیں :

> وكان شيخنا رحمه الله يمنع من مسألة التورق وروجع فيها مراراً وأنا حاضر فلم يرخص فيها، وقال : المعنى الذي لأجله حرم الربا موجود فيها بعينه مع زيادة الكلفة بشراء السلعة وبيعها والخسارة

---

(۱) روضة الطالبين:۴۱۶/۳-۴۱۷۔

(۲) دیکھئے:تحفة المحتاج:۳۲۲/۴،للهيتمی ونهاية المحتاج:۴۶۰/۳،للرملی۔

(۳) الإنصاف:۲۳۷/۴۔

(۴) دیکھئے:الفروع لابن المفلح:۱۷۱/۴۔

فیها ، والشریعة لا تحرم الضرر الأدنی وتبیح ما هو أعلی منه .(۱)

ہمارے شیخ (علامہ ابن تیمیہ) تورق سے منع کرتے تھے، میری موجودگی میں کئی باران سے مراجعت کی گئی، مگر انھوں نے اس کی اجازت نہیں دی، انھوں نے کہا کہ سود کو حرام قرار دینے کا جو مقصد ہے وہ بعینہ اس میں بھی موجود ہے؛ بلکہ اس سے بڑھ کر؛ کیوں کہ اس میں سامان کو خریدنے اور اس کو بیچنے کی کلفت بھی ہے اور اس میں نقصان اُٹھانا بھی ہے، اور ایسا نہیں ہوسکتا کہ شریعت کم درجہ کے نقصان کو تو منع کردے اور اس سے اعلیٰ درجہ کے نقصان کو جائز۔

علامہ ابن تیمیہؒ نے حضرت عمر بن عبدالعزیزؒ کا قول نقل کیا ہے :

التورق أخیة الربا أی أصل الربا۔(۲)

تورق ربا کی جڑ ہے۔

اصحابِ ظواہر امام شافعیؒ کے قول کے مطابق اسے جائز قرار دیتے ہیں اور معاملہ کی ظاہری شکل کو فیصلہ کا مدار بناتے ہیں، علامہ ابن حزم نے اس سلسلہ میں تفصیل سے گفتگو کی ہے۔(۳)

مذاہب کا خلاصہ

غرض کہ حنفیہ، مالکیہ، حنابلہ، علامہ ابن تیمیہ اور علامہ ابن قیم کا رجحان اس کے ناجائز یا قریب بہ حرام ہونے کی طرف ہے، اور یہی رائے بعض متأخرین شوافع کی ہے؛ جب کہ شوافع اور اصحابِ ظواہر اسے جائز قرار دیتے ہیں، ماضی قریب کے اہل علم میں بھی اس سلسلہ میں اختلافِ رائے رہا ہے، شیخ عبدالعزیز بن باز سابق مفتی عام سعودی عرب، شیخ محمد بن ابرہیم سابق مفتی عام سعودی عرب، ''اللجنة الدائمة للبحوث والإفتاء سعودی عرب، هیئة کبار العلماء سعودی عرب، (۴) دکتور علی محی الدین علی قرہ داغی، شیخ عبداللہ بن سلیمان المنیع، دکتور محمد علی قری وغیرہ اس کے جواز کے قائل ہیں، موجودہ حالات میں مولانا محمد تقی عثمانی نے بھی اسے جائز قرار دیا ہے، اور شیخ محمد بن عثیمین (سابق مفتی اعظم سعودی عرب) نے اسے حالت اضطرار میں جائز قرار دیا ہے، اس کا مطلب یہ ہے کہ وہ اصلاً اس کے عدم جواز کے قائل ہیں۔

---

(۱) إعلام الموقعین:۱۸۲/۳۔

(۲) مجموع الفتاویٰ:۳۰۲/۲۹۔

(۳) دیکھئے:المحلی:۵۷/۹،مسئلہ نمبر:۱۵۵۸۔

(۴) دیکھئے:مجلة المجمع الفقهی الاسلامی ، بحوث الدورة السابعة عشرة:۱۸/۲۔

جب کہ شیخ عبداللہ بن محمد عبدالوہاب آل شیخ ، ڈاکٹر یوسف القرضاوی ، شیخ صالح حسین ، ڈاکٹر حامد حسان ، ڈاکٹر صدیق محمد امین الضریر ، ڈاکٹر علی سالوس ، ڈاکٹر سالم بن ابراہیم سویلم اور ڈاکٹر عبداللہ بن محمد سلیمی جامعۃ الملک سعود اس کو ناجائز قرار دیتے ہیں اور اسی پر مصرف قطر الاسلامی ، فیصل بینک بحرین اور شرکۃ الراجحی وغیرہ کا عمل ہے۔(۱)

جائز قرار دینے والوں کی دلیلیں

جن حضرات نے اسے جائز قرار دیا ہے ، ان کے پیش نظر درج ذیل دلائل ہیں :

۱- اللہ تعالیٰ نے تجارت کو جائز قرار دیا ہے اور سود کو حرام ، اور تورق کی شکل بنیادی طور پر تجارت کی ہے ، جس میں ایک شخص سے ایک چیز خریدی جاتی ہے اور خریدار دوسرے شخص سے اسے فروخت کرتا ہے۔

۲- عن أبی سعید الخدری و أبی هريرة رضی الله عنهما أن رسول الله صلى الله عليه وسلم استعمل رجلاً على خيبر فجاء بتمر جنيب ، فقال رسول الله صلى الله عليه وسلم : أكلّ تمر خيبر هكذا ؟ قال : لا والله يا رسول الله ! إنا لنأخذ الصاع من هذا بالصاعين والصاعين بالثلاثة ، فقال رسول الله صلى الله عليه وسلم : لا تفعل ، بع بالدراهم ثم ابتع بالدراهم جنيباً .(۲)

حضرت ابوسعید خدری اور حضرت ابوہریرہ رضی اللہ عنہما سے روایت ہے کہ رسول اللہ ﷺ نے ایک شخص کو خیبر پر عامل بنایا ، وہ جنیب نامی کھجور لے کر آئے ، رسول اللہ ﷺ نے دریافت کیا : کیا خیبر کی تمام کھجوریں اسی طرح کی ہیں ؟ انھوں نے عرض کیا : خدا کی قسم ! نہیں ، اے اللہ کے رسول ! ہم اس کھجور کا ایک صاع دو صاع کے بدلہ اور دو صاع تین صاع کے بدلہ لیتے ہیں ، آپ ﷺ نے ارشاد فرمایا : ایسا نہ کرو ؛ بلکہ دو صاع یا تین صاع کھجور کو درہم کے بدلہ فروخت کرو اور درہم سے یہ جنیب نامی کھجور حاصل کرو۔

۳- معاملات میں اصل مباح ہونا ہے ، سوائے اس کے کہ حرمت پر کوئی دلیل موجود ہو۔

۴- بعض دفعہ لوگوں کو نقد رقم کی ضرورت پڑتی ہے ، اور آج کل لوگ عام طور پر قرض دینے کو تیار نہیں ہوتے ، ان حالات میں تورق کے ذریعہ نقد رقم حاصل کی جاسکتی ہے اور سود سے بچا جاسکتا ہے۔

---

(۱) دیکھئے : مجلّہ مذکورہ۔

(۲) صحیح البخاری مع الفتح ، ط : السلفیة :۳۹۹/۴ ، ودیگر کتبِ حدیث۔

مانعین کی دلیلیں

جو حضرات اس کے جائز نہ ہونے کے قائل ہیں، انھوں نے حسبِ ذیل اُمور سے استدلال کیا ہے :

ا- عن أبي إسحاق ، عن امرأته أنها دخلت على عائشة رضي الله عنها نسوة ، فسألتها امرأة فقالت : يا أم المومنين : كانت لي جارية فبعتها من زيد بن أرقم بثمان مائة إلى أجل ، ثم اشتريتها منه بست مائة فنقدته الست مائة ، وكتبت عليه ثمان مائة ، فقالت عائشة : بئس والله ما اشتريت ! وبئس والله ما اشترى ، أخبري زيد بن أرقم أنه قد أبطل جهاده مع رسول الله صلى الله عليه وسلم إلا أن يتوب . (۱)

حضرت عائشہ رضی اللہ عنہا کے پاس کچھ خواتین آئیں، ایک خاتون نے سوال کرتے ہوئے عرض کیا: ام المومنین ! میری ایک باندی تھی ، میں نے اس کو زید بن ارقم سے آٹھ سو میں فروخت کر دیا، پھر اسی کو ان سے چھ سو میں خرید کر لیا تو میں نے چھ سو ان سے وصول کئے اور ان کے آٹھ سو ہو گئے ، حضرت عائشہؓ نے کہا کہ خدا کی قسم ! کیا ہی بدترین ہے تمہارا خریدنا اور ان کا خریدنا، زید بن ارقم کو بتادو کہ اگر انھوں نے توبہ نہیں کی تو رسول اللہ ﷺ کے ساتھ انھوں نے جو جہاد کیا ہے، انھوں نے اس کو ضائع کر لیا۔

اس روایت میں بالواسطہ ہی نفع پہنچایا گیا ہے؛ لیکن حضرت عائشہ رضی اللہ عنہا نے اسے بھی قابل قبول نہیں سمجھا۔

۲- رسول اللہ ﷺ نے بیع عینہ سے منع فرمایا؛ چنانچہ حضرت عبداللہ بن عمر رضی اللہ عنہما سے مروی ہے کہ رسول اللہ ﷺ نے ارشاد فرمایا :

إذا تبايعتم بالعينة ، وأخذتم أذناب البقر ، ورضيتم بالزرع ، وتركتم الجهاد سلط الله عليكم ذلاً لا ينزعه حتى ترجعوا إلى دينكم . (۲)

جب تم بیع عینہ کرنے لگو گے ، بیل کی دم پکڑنے لگو گے ، کھیتی پر راضی ہو جاؤ گے اور جہاد چھوڑ دو گے تو اللہ تعالیٰ تم پر ایسی ذلت کو مسلط کر دے گا ، جو اس وقت تک دور نہ ہوگی ، جب تک تم اپنے دین کی طرف واپس نہ آجاؤ۔

---

(۱) مصنف عبد الرزاق:۱۸۴/۸-۱۸۵،حدیث نمبر:۱۴۱۸۲۔

(۲) منتقى الاخبار مع نيل الأوطار:۲۱۹/۵۔

عینہ میں بھی بالواسطہ روپیہ پر نفع حاصل کیا جاتا ہے اور تورق میں بھی بالواسطہ یہی عمل ہوتا ہے، فرق یہ ہے کہ عینہ دو افراد کے درمیان ہوتا ہے اور تورق تین افراد کے درمیان۔

۳- عن شيخ من بني تميم قال : خطبنا علي رضي الله عنه قال : نهى رسول الله صلى الله عليه وسلم عن بيع المضطر وبيع الغرر وبيع الثمرة قبل أن تبدو الخ .(۱)

بنی تمیم کے ایک شخص سے مروی ہے کہ حضرت علی رضی اللہ عنہ نے ہمیں خطاب کرتے ہوئے فرمایا: رسول اللہ ﷺ نے مضطر کی بیع غرر یعنی جہالت وابہام والی بیع اور پھل کے قابل استعمال ہونے سے پہلے اس کی بیع سے منع فرمایا ہے۔

تورق بھی اصل میں حالتِ اضطرار ہی کی بیع ہوتی ہے کہ وہ نقد رقم لینے کے لئے مجبور ہوتا ہے اور اس بنا پر اسے ایک چیز خرید کر بیچنی پڑتی ہے۔

۴- حضرت عبداللہ بن عباس رضی اللہ عنہما فرماتے ہیں :

إذا استقمت بنقد ثم بعت بنقد فلا بأس ، و إذا استقمت بنقد فبعت بنسيئة فلا خير فيه ، تلك ورق بورق .(۲)

جب تم نقد خریدو اور پھر نقد بیچو تو حرج نہیں اور نقد خریدو اور اُدھار بیچو تو اس میں خیر نہیں، یہ درہم کی درہم سے بیع ہے۔

۵- تورق دراصل ربا کے لئے ایک حیلہ ہے اور شریعت کا ایک مستقل اُصول ''سد ذریعہ'' ہے کہ نہ صرف گناہ کو منع کیا جائے ؛ بلکہ ان راستوں کو بھی بند کر دیا جائے جو گناہ کا سبب بنتے ہیں، لہٰذا سد ذریعہ کے طور پر تورق کو ممنوع ہونا چاہئے۔

جواز کے دلائل پر ایک نظر

۱- یہ درست ہے کہ تورق میں دو الگ الگ خرید وفروخت کے معاملات ہوتے ہیں اور خرید وفروخت کو جائز قرار دیا گیا ہے ؛ لیکن دونوں معاملات کا مجموعہ اس بات کو واضح کرتا ہے کہ اصل مقصود سامان کی خرید وفروخت نہیں ہے ؛ بلکہ نفع دے کر قرض حاصل کرنا ہے اور معاملات میں صرف الفاظ کی اہمیت نہیں ہوتی ؛ بلکہ مقاصد کو بھی اہمیت حاصل ہوتی ہے: ''لا عبرة في العقود للألفاظ والمباني ، والعبرة للمقاصد والمعاني'' — نیز بعض

(۱) سنن أبوداود، باب بيع المضطر ، كتاب البيوع ،حدیث نمبر:۳۳۸۲۔

(۲) بيان الدليل:۲۳۶/۸،تهذيب السنن لابن قيم:۱۰۹/۵،مصنف عبد الرزاق:۲۳۶/۸۔

دفعہ انفرادی طور پر ایک عقد کا حکم الگ ہوتا ہے؛ لیکن اگر اس کے ساتھ کوئی اور عقد جمع ہو جائے تو اجتماعی حیثیت میں اس کا حکم مختلف ہو جاتا ہے، جمہور فقہاء نے جو بیع عینہ کو منع کیا ہے اس کی بنیاد بھی یہی ہے، ورنہ فی الجملہ دو الگ الگ عقد وہاں بھی پائے جاتے ہیں، اس سلسلہ میں علامہ ابواسحٰق شاطبیؒ کی یہ بات بڑی چشم کشا ہے :

> **...... الاستقراء من الشرع عرف أن للاجتماع تأثيراً في أحكام لا تكون في حالة الانفراد ...... فقد نهى عليه الصلاة والسلام عن بيع وسلف وكل واحد منهما لو انفرد لجاز ...... ونهى عن جمع المفترق وتفريق المجتمع خشية الصدقة وذلك يقتضي أن للاجتماع تأثيراً ليس للانفراد .(۱)**
>
> ......احکامِ شریعت کے استقراء سے معلوم ہوتا ہے کہ احکام میں اجتماع کا وہ اثر ہوتا جو انفراد کا نہیں ہوتا...... چنانچہ رسول اللہ ﷺ نے بیع اور قرض سے منع فرمایا؛ حالاں کہ ان میں سے ہر ایک کو اگر انفرادی طور پر کیا جائے تو جائز ہے، اور سول اللہ ﷺ نے زکوٰۃ کے خوف سے الگ الگ مال کو جمع کرنے اور جو مال ایک جگہ ہو اس کو الگ الگ کرنے کی ممانعت فرمائی ، اس کا تقاضہ ہے کہ اجتماعی حیثیت کے ایسے آثار واحکام ہوتے ہیں، جو انفرادی حیثیت کے نہیں ہوتے۔

۲- جہاں تک معمولی تمر (کھجور) بیچ کر عمدہ تمر (کھجور) خریدنے کی بات ہے، تو اس سلسلہ میں تین باتیں پیش نظر رہنی چاہئیں :

(الف) اس واقعہ میں حضرت بلال رضی اللہ عنہ کا مقصد زیادہ پیسہ دے کر کم پیسہ حاصل کرنا نہیں تھا؛ جیسا کہ تورق میں ہوتا ہے؛ بلکہ اس کا مقصد معمولی کھجور کی جگہ بہتر کھجور حاصل کرنا تھا، اس لئے تورق کے معاملہ اور اس واقعہ کی نوعیت میں فرق ہے۔

(ب) کھجور کی خرید وفروخت والے معاملہ میں دونوں معاملات نقد کئے گئے تھے، اُدھار نہیں، اور سود کی بنیاد بنتی ہے اُدھار معاملہ؛ کیوں کہ سود خوار مہلت کے بدلہ پیسہ وصول کرنا چاہتا ہے، اس لئے فقہاء کا نقطۂ نظر یہ ہے کہ اصلاً حرمت ربا نسیئۃ کی ہے، ربا فضل کی حرمت سد ذریعہ کے طور پر ہے۔

(ج) اتفاقی اور انفرادی طور پر بعض حالات میں حیلہ کی اجازت ہو سکتی ہے؛ لیکن اس کو معاملہ کا ایک مستقل طریقہ بنالینا درست نہیں، یہ حرام کو حلال کرنے کی کوشش ہے۔

---

(۱) الموافقات:۱۷۲/۳-۱۷۳،ط : دار المعرفۃ ، بیروت۔

۳- یہ درست ہے کہ معاملات میں اصل جائز ہونا ہے؛ لیکن یہ ایسے وقت میں ہے؛ جب کہ حرمت پر کوئی دلیل موجود نہ ہو؛ لیکن اگر کسی معاملہ میں حلت اور حرمت کا شبہ پیدا ہو جائے تو پھر حرمت کو ترجیح دی جائے گی؛ جیسا کہ فقہی قاعدہ ہے: ''إذا اجتمع الحلال والحرام فقد غلب الحرام''۔

۴- حاجت یقیناً احکام فقہیہ کی ایک اہم اصل ہے؛ کیوں کہ شریعت کے مقاصد میں سے رفع حرج بھی ہے؛ لیکن نص کے مقابلہ میں حاجت معتبر نہیں؛ جیسا کہ فقہاء نے لکھا ہے:

> المشقة والحرج إنما يعتبر ان فی موضع لا نص فيه، وأما مع النص بخلافه فلا .(۱)

اس لئے بطور مستقل اُصول کے تورق کو جائز قرار دینا درست نہیں؛ البتہ کوئی شخص بہت ضرورت مند ہو تو فقہاء احناف کی صراحت ''یجوز الاستقراض بالربح للمحتاج ''(۲)'' حاجت مند کے لئے نفع پر قرض حاصل کرنا جائز ہے'' کے تحت اس کے لئے سودی قرض حاصل کرنے کی گنجائش ہے، خواہ وہ تورق کے ذریعہ ہو یا کسی سودخوار سے لیا جائے۔

خلاصۂ بحث

یہ حقیر، فقہاء کے نقاطِ نظر اور ان کی پیش کی گئی دلیلوں کی روشنی میں اس نتیجہ پر پہنچا ہے کہ ایک تو ہے کسی شخص کا انفرادی اور اتفاقی طور پر کسی مصیبت میں مبتلا ہونے کی وجہ سے تورق کر لینا، اس کی تو گنجائش ہو سکتی ہے، دوسری شکل یہ ہے کہ کوئی ادارہ اس کو تمویل کا ذریعہ بنائے اور استثمار کے ایک منہج کے طور پر اس کا استعمال کرے یہ جائز نہیں ہوگا؛ کیوں کہ یہ بہر حال ایک حیلہ ہے، اور حیلہ کو مستقل طریقۂ کار نہیں بنایا جا سکتا، ورنہ یہ شریعت کے احکام سے کھلواڑ کرنا اور بالواسطہ طریقہ پر حرام کو حلال کرنا ہوگا، اس کا ایک نقصان یہ بھی ہوتا ہے کہ ایسے حیلوں کو اختیار کرنے والا اس کو جائز وحلال سمجھ کر استعمال کرتا ہے، اس لئے نہ اس میں اپنے عمل پر ندامت ہوتی ہے اور نہ کبھی یہ جذبہ پیدا ہوتا ہے کہ وہ اسے چھوڑ دے، اس کے برخلاف اگر آدمی کسی کام کو حرام سمجھ کر بہت ہی مجبوری کے تحت کرتا ہے تو اسے اپنے فعل پر ندامت ہوتی ہے، وہ آئندہ اس سے بچنے کی کوشش کرتا ہے اور اپنی غلطی پر تائب بھی ہوتا ہے، اس لئے انفرادی تورق تو جائز ہوگا؛ لیکن منظم تورّق بطور طریقۂ استثمار کے جائز نہیں۔

هذا ماعندي، والله أعلم بالصواب، وعلمهٗ أتم وأحكم .

○ ○ ○

(۱) الأشباه والنظائر مع غمز عيون البصائر: ۲۷۱/۱۔ (۲) الأشباه والنظائر: ۱۴۹۔

مکان کے لئے سودی قرض کا حصول

قرآن وحدیث میں جن گناہوں کی سخت مذمت کی گئی ہے، غالباً کفر کے بعد سود، ان میں سرفہرست ہے، سود کے باب میں نہ صرف سود لینے کو منع کیا گیا؛ بلکہ سود دینے والے، سودی کاروبار کو لکھنے والے اور سودی معاملہ پر گواہ بننے والے پر بھی لعنت کی گئی اور آپ ﷺ نے فرمایا کہ یہ سب گناہ میں برابر ہیں :

عن جابرؓ : لعن رسول الله صلى الله عليه وسلم آكل الربوٰ وموكله وكاتبه وشاهديه ، وقال : هم سواء . (۱)

اسی لئے فقہاء نے قاعدہ مقرر کیا ہے :

ما حرم أخذه ، حرم إعطاء ه . (۲)

جس چیز کا لینا حرام ہے، اس کا دینا بھی حرام ہے۔

اس لئے اس میں کوئی اختلاف نہیں کہ جس طرح سود کا لینا حرام ہے، اسی طرح اُصولی طور پر اس کا دینا بھی حرام ہے؛ لیکن ایک قابل توجہ پہلو یہ ہے کہ سود کا لینا حرام لعینہٖ ہے اور سود کا دینا حرام لغیرہٖ ، اگر کوئی شخص قرض لے اور قرض لیتے وقت قرض دہندہ کی طرف سے زیادہ پیسے ادا کرنے کی شرط نہ ہو؛ لیکن قرض لینے والا اپنے طور پر زیادہ رقم ادا کردے تو اس کی ممانعت نہیں ہے؛ بلکہ رسول اللہ ﷺ نے اس کو ادائیگی کا بہتر طریقہ قرار دیا ہے :

إن خياركم أحسنكم قضاءً . (۳)

لیکن چوں کہ سود دینے سے بھی سود لینے والے کی حوصلہ افزائی ہوتی ہے؛ کیوں کہ اگر سود دینے والے موجود نہ ہوں، تو کوئی شخص سود دے نہیں سکتا؛ اسی لئے سود دینے کو بھی حرام قرار دیا گیا ہے، فقہاء کے نظائر سے معلوم ہوتا ہے کہ حرام لعینہٖ اور حرام لغیرہٖ کے احکام میں کسی قدر فرق ہے، حرام لعینہٖ کی تو اصطلاحی ''ضرورت'' (انتہائی درجہ مجبوری)

---

(۱) مسلم، حدیث نمبر:۴۰۹۳، كتاب المساقاة ، باب لعن آكل الربا وموكله ، أبوداود، حدیث نمبر:۳۳۳۳، كتاب البيوع ، باب في اكل الربا وموكله۔ (۲) الاشباه والنظائر:۱/۴۴۹، قاعدہ:۱۴۔

(۳) بخاری عن أبي هريرةؓ، حدیث نمبر:۲۳۹۳، باب حسن القضاء۔

کی بنیاد پر ہی گنجائش ہوتی ہے، جیسا کہ فقہی قاعدہ ہے :

الضرورات تبيح المحظورات .

ضرورتیں ناجائز کو مباح کردیتی ہیں ۔

اور ضرورت سے مراد وہ اشیاء ہیں کہ جن پر شریعت کے مقاصد خمسہ — حفظ دین، حفظ نفس، حفظ نسل، حفظ مال اور حفظ عقل — کا حاصل ہونا موقوف ہو :

أما الضرورية فمعناها أنها لا بد منها في قيام مصالح الدين والدنيا بحيث إذا فقدت لم تجر مصالح الدنيا على إستقامة ، بل على فساد وتهارج وفوت حياة . (۱)

ضرورت سے مراد وہ چیزیں ہیں، جو دین و دنیا کے مصالح کو قائم رکھنے میں ناگزیر ہوں کہ اگر وہ مہیا نہ ہوں، تو دنیا کی مصلحتیں پوری نہ ہوسکیں ؛ بلکہ فساد و دشواری اور وسائل زندگی سے محرومی ہوجائے ۔

لیکن جو چیزیں حرام لغیرہ ہیں، اصطلاحی ''حاجت'' کے تحت بھی ان کی گنجائش پیدا ہوجاتی ہے، اور حاجت سے مراد وہ چیزیں ہیں، جو شریعت کے مقاصد خمسہ کو حاصل کرنے میں شدید مشقت سے بچاتی ہوں :

واما الحاجيات ، فمعناها : أنها مفتقر إليها من حيث التوسعة ورفع الضيق المؤدي في الغالب إلى الحرج والمشقة اللاحقه بفوت المطلوب . (۲)

حاجیات سے مراد وہ چیزیں ہیں، جس کی فراخی کے لئے اور ایسی تنگی کو دور کرنے کے لئے ضرورت ہو، جو اکثر حرج کا باعث بن جاتی ہیں اور ایسی مشقت سے بچانا ہو، جو اصل مقصد کے فوت ہوجانے کا باعث بنتی ہوں ۔

اس کی نظیر کتبِ فقہ میں رشوت کا مسئلہ ہے، جیسے سود کا لینا اور دینا دونوں حرام ہے، اسی طرح رشوت کا لینا اور دینا بھی حرام ہے، جیسے آپ نے سود کے لینے دینے اور اس میں تعاون کرنے والے پر لعنت بھیجی ہے، اسی طرح رشوت لینے، دینے اور اس میں واسطہ بننے والے پر بھی لعنت فرمائی ہے؛ چنانچہ آپ ﷺ کا ارشاد ہے :

لعن الله الراشي والمرتشي والرائش . (۳)

(۱) الموافقات للشاطبی: ۳۲۴/۲۔

(۲) الموافقات للشاطبی: ۳۲۶/۲۔

(۳) مجمع الزوائد: ۳۵۸/۴، حدیث نمبر: ۷۰۲۴، کتاب الأحکام ، باب فی الرشاء ، بحواله : مسند أحمد ، طبرانی ۔

رشوت لینے والے، دینے والے اوراس میں واسطہ بننے والے پر اللہ کی لعنت ہو۔

اسی لئے فقہاء اس بات پر متفق ہیں کہ جیسے رشوت کا لینا حرام ہے، اسی طرح اس کا دینا بھی حرام ہے؛ لیکن ہم دیکھتے ہیں کہ فقہاء نے رشوت لینے اور دینے میں فرق کیا ہے اور بعض خصوصی حالات میں رشوت دینے کی اجازت دی ہے؛ چنانچہ علامہ ابن عابدین شامی حنفی ''فتح القدیر'' کے حوالہ سے لکھتے ہیں :

ثم الرشوة أربعة أقسام منها : ما هو حرام على الآخذ والمعطي ، وهو الرشوة على تقليد القضاء والإمارة ، الثاني : ارتشاء القاضي ليحكم وهو كذلك ولو القضاء بحق ؛ لأنه واجب عليه ، الثالث : أخذ المال ليسوّي أمره عنده السلطان دفعا للضرر أو جلبا للنفع وهو حرام على الآخذ فقط ...... الرابع : ما يدفع لدفع الخوف من المدفوع إليه على نفسه أو ماله ، حلال للدافع حرام على الآخذ . (۱)

رشوت کی چار قسمیں ہیں: ایک وہ جو لینے والے اور دینے والے دونوں کے حق میں حرام ہے، جیسے عہدۂ قضا اور عہدۂ امارت کے لئے رشوت، دوسرے: قاضی کا فیصلہ کے لئے رشوت لینا، اس کا بھی لینا دینا حرام ہے، اگر چہ حق کے مطابق فیصلہ کرے؛ کیوں کہ یہ تو اس پر واجب ہے ہی، تیسرے: اس غرض سے مال کا لین دین کہ سلطان کے پاس اس کے ساتھ برابر کا سلوک کیا جائے، خواہ اس کا مقصد ضرر کو دور کرنا ہو یا نفع کو حاصل کرنا، یہ صرف لینے والے پر حرام ہے...... چوتھے: جان و مال پر خوف کھاتے ہوئے اور اس کی حفاظت کے لئے رشوت، یہ دینے والے کے لئے حلال ہے، لینے والے کے لئے حرام۔

علامہ ابوعبداللہ حطاب مالکی فرماتے ہیں :

قال ابن فرحون : أجاز بعضهم إعطاء الرشوة إذا خاف الظلم على نفسه وكان الظلم محققاً ، قال ابن عرفه إثر نقله كلام بعضهم : ويقوم هذا من قولها ، وإن طلب السلابة طعاماً أو ثوبا أو شيئا خفيفا ، رأيت أن يعطوه ، وقال البرزلی قبل مسائل الطهارة بنحو صفحة : وفي الطرر قال ابن عيشون : أجاز بعضهم إعطاء الرشوة إذا خاف الظلم على نفسه وكان محقا . (۲)

---

(۱) ردالمحتار: ۸/۳۴-۳۵، کتاب القضاء، مطلب فی الکلام علی الرشوۃ۔ (۲) مواهب الجليل: ۸/۱۱۵، باب الاقضیۃ۔

علامہ ابن فرحون کہتے ہیں کہ بعض لوگوں نے رشوت لینے کی اجازت دی ہے، اگر اپنی جان پر ظلم کا اندیشہ ہو اور ظلم فی الواقع کیا جا سکتا ہو، ابن عرفہ اس قول کو نقل کرنے کے بعد کہتے ہیں کہ یہ بات اس سے مستنبط ہوتی ہے کہ اگر لٹیرے کھانا یا کپڑا یا کوئی معمولی چیز طلب کریں، تو میری رائے ہے کہ انھیں دے دیا جائے ، نیز علامہ برزلی نے مسائل طہارت سے ایک صفحہ پہلے طرر کے حوالہ سے لکھا ہے کہ ابن عیشون نے کہا کہ بعض فقہاء نے رشوت دینے کی اجازت دی ہے اگر اس کی جان پر ظلم کا اندیشہ ہو اور وہ حق پر ہو۔

فقہاء شوافع میں علامہ عمرانی لکھتے ہیں :

واما الراشی : فان كان الراشی يطلب بما يدفعه ان يحكم له لغير الحق او علی إيقاف الحكم ، حرم عليه ذلک وعليه تحمل لعنة النبی صلی اللہ عليه وسلم للراشی ، وان كان يطلب بما يدفعه وصوله إلی حقه لم يحرم عليه ذلک وإن كان ذلک حراما علی اٰخذه . (۱)

بہر حال رشوت دینے والا ، تو اگر رشوت دینے والا چاہتا ہو کہ رشوت دے کر اپنے لئے ناحق فیصلہ کرالے ، یا حق فیصلہ کو روک دے ، تو یہ اس پر حرام ہے ، اور رشوت دینے والے کے لئے حضور ﷺ کی لعنت اسی صورت پر محمول ہے اور اگر رشوت دے کر وہ اپنا جائز حق وصول کرنا چاہتا ہے، تو یہ اس پر حرام نہیں ؛ اگر چہ لینے والے پر حرام ہے۔

نیز علامہ ابن قدامہ حنبلی رقم طراز ہیں :

يجوز له ان يرشو العامل ويهدی له ليدفع عنه الظلم فی خراجه ، ولا يجوز ذلک ليدع له منا شيئا . (۲)

عامل کو رشوت اور ہدیہ دینا تاکہ خراج کے سلسلہ میں اپنے کو ظلم سے بچا سکے جائز ہے اور اس لئے کہ وہ اس پر واجب ہونے والے خراج میں سے کچھ حصہ چھوڑ دے ، جائز نہیں۔

---

(۱) البیان: ۱۳/۳۱۔ (۲) المقنع مع الشرح الكبير والانصاف : ۱۰/۳۲۲، نیز دیکھئے: الشرح الكبير مع المقنع والانصاف ، حوالۂ سابق ، نیز دیکھئے: الانصاف مع المقنع والشرح الكبير ، حوالۂ سابق .

اس سے قیاس کیا جاسکتا ہے کہ ربا کے باب میں بھی یوں تو لینا اور دینا دونوں ہی حرام ہے؛ لیکن دونوں کی نوعیت میں کسی قدر فرق ہے، گو اس سلسلہ میں فقہاء کے یہاں صراحتاً اس کا ذکر کم ملتا ہے؛ لیکن فقہاء احناف نے ''قنیہ'' کے حوالہ سے ذکر کیا ہے :

ویجوز للمحتاج الاستقراض بالربح .

اور حاجت مند شخص کے لئے نفع دے کر قرض حاصل کرنا جائز ہے۔

اور علامہ ابن نجیم مصری نے اس کو ''حاجت کے ضرورت کے قائم مقام ہونے'' سے متعلق قاعدہ کے تحت ذکر کیا ہے اور ان کے سیاق وسباق سے مراد ہے کہ یہاں ''محتاج'' سے حاجت اصطلاحی مراد ہے، حاجت بمعنی ضرورت نہیں، (۱) خود بعض فقہاء نے بیع بالوفاء اور اس طرح کے جو بعض معاملات کو جائز قرار دیا ہے، اس سے بھی اس کو تقویت پہنچتی ہے کہ جب حیلہ کے ذریعہ تعامل کی بنا پر قرض پر زائد رقم لینے کی اجازت دی جاسکتی ہے، تو مشقت کے مواقع میں قرض سے زائد رقم ادا کرنے کی اجازت بدرجۂ اولیٰ ہوگی —— البتہ اس بات کی وضاحت مناسب ہوگی کہ راقم الحروف کے نزدیک قرض پر نفع حاصل کرنے کے لئے کسی بھی قسم کا حیلہ اختیار کرنا جائز نہیں، یہ حرام سے بچنے کا راستہ اختیار کرنا نہیں؛ بلکہ — نعوذ باللہ — حرام کو حلال کرنے کی کوشش ہے اور حضرت عمرؓ کے ارشاد ''**دعوا الربا والریبه**'' کے تحت اس سے بچنا بھی ضروری ہے۔

موجودہ دور میں عالم اسلام کے فقہاء اور اربابِ افتاء نے عام طور پر اس مسئلہ سے تعرض نہیں کیا ہے اور اس سلسلے میں کوئی گنجائش نہیں رکھی ہے؛ لیکن غیر مسلم ممالک خاص کر ہندوستان کے علماء نے بعض مواقع پر سودی قرض حاصل کرنے کی اجازت دی ہے اور اس کی وجہ ظاہر ہے، مسلم اکثریت ممالک میں اسلامی مالیاتی اداروں کے قیام کے بھرپور مواقع ہیں، حکومت کی قرض اسکیموں سے استفادہ بھی آسان ہے اور قانون کی باگ ڈور مسلمانوں کے ہاتھوں میں ہے؛ اس لئے ایسے قانون بنائے جاسکتے ہیں، جو شریعت اسلامی سے متصادم نہ ہوں، غیر مسلم اکثریت ممالک کی صورتِ حال اس سے مختلف ہے، بہت سے ملکوں میں اب تک اسلامی اُصولوں کے مطابق بینک اور انشورنس نظام کی اجازت نہیں دی گئی ہے، مسلمان اس موقف میں نہیں ہیں کہ وہ اپنے حسب منشا قانون بنواسکیں، بعض اوقات مسلمانوں کے ساتھ اقتصادی ترقی کی سہولتوں میں تعصب بھی برتا جاتا ہے، مسلمانوں کو بہت سی دفعہ ایسے لوگوں کے ساتھ معاملہ کرنا پڑتا ہے، جو غیر مسلم ہیں اور جو ربا کی حرمت کو تسلیم ہی نہیں کرتے، تعلیم اور ملازمت کے مواقع میں بھی ان کے ساتھ امتیاز برتا جاتا ہے، یہ وہ صورتِ حال ہے، جس کو پیش نظر رکھنا ضروری ہے اور یہ ایک حقیقت ہے کہ جیسے اختلافِ زمان کی وجہ سے احکام بدلتے ہیں، اختلافِ مکان کی وجہ سے بھی احکام میں تغیر واقع

---

(۱) دیکھئے: الاشباه والنظائر: ۲۹۴/۱، مع الحموی ، القاعدة الخامسه۔

ہوتا ہے؛ اسی لئے ہم دیکھتے ہیں کہ دارالاسلام اور دارالکفر کے درمیان متعدد احکام میں فقہاء نے فرق کیا ہے؛ چنانچہ استاذ گرامی مولانا مفتی محمود حسن گنگوہیؒ (سابق صدر مفتی دارالعلوم دیوبند) ایک سوال کے جواب میں فرماتے ہیں :

> اگر گذارہ کی کوئی صورت نہ ہو تو محتاج کے لئے بقدر ضرورت سودی قرض لینے کی گنجائش ہے۔(۱)

ایک اور سوال کے جواب میں فرماتے ہیں :

> پس اگر جان کا قوی خطرہ ہے یا عزت کا قوی خطرہ ہے، نیز اور کوئی صورت اس سے بچنے کی نہیں، مثلاً: جائیداد فروخت ہوسکتی ہے نہ روپیہ بغیر سود کے مل سکتا ہے، تو ایسی حالت میں زید شرعاً معذور ہے اور اگر ایسی ضرورت نہیں ؛ بلکہ کسی اور دنیوی کاروبار کے لئے ضرورت ہے، یا روپیہ بغیر سود کے مل سکتا ہے، یا جائیداد فروخت ہوسکتی ہے، تو پھر سود پر قرض لینا جائز نہیں، کبیرہ گناہ ہے۔(۲)

دارالعلوم دیوبند کے ایک اور سابق صدر مفتی حضرت الاستاذ مولانا مفتی نظام الدین اعظمیؒ مکان کے لئے سودی قرض حاصل کرنے کے متعلق ایک سوال کے جواب میں فرماتے ہیں :

> اگر حالات تحریر کئے ہوئے صحیح ہیں، تو واقعی یہ حاجت صحیح اور احتیاجِ صحیح ہے اور ایسی حالت میں اگر بغیر سود کے قرضہ نہ ملے، تو شریعت مطہرہ نے بوجہ ضرورت اور حسب ضرورت بینک سے سودی قرض بھی لے لینے کی اجازت دی ہے۔(۳)

بعض اوقات رقم موجود ہوتی ہے؛ لیکن اگر کوئی شخص بڑا سرمایہ لگا کر کاروبار کرتا ہے، تو حکومت کے قوانین کی وجہ سے پکڑ کا اندیشہ ہوتا ہے، ایسی صورت میں مسلمان کیا کرے؟ حضرت مفتی صاحب فرماتے ہیں :

> مثلاً اپنے جائز روپے سے بھی بڑا کاروبار کرنے میں قانونِ حکومت کی وجہ سے قانونی گرفت ہو کر اپنا جائز روپیہ کالا روپیہ شمار ہو کر قابل ضبطی وغیرہ ہو رہا ہو، تو قانونی رو سے اور اپنے حلال روپے کو بچانے کے بقدر مجبوری میں بقدر ضرورت حکومت وقت سے قرض لے لینے کی گنجائش ہو جاتی ہے۔(۴)

---

(۱) فتاویٰ محمودیہ: ۱۶/۳۰۱-۳۰۲۔

(۲) فتاویٰ محمودیہ: ۱۶/۳۰۶، باب الربا۔

(۳) منتخبات نظام الفتاویٰ: ۱/۱۸۷۔

(۴) منتخبات نظام الفتاویٰ: ۱/۱۸۹۔

مفتی عبدالرحیم صاحب لاجپوریؒ نے اس سلسلے میں ہندوستان کے دوسرے اربابِ افتاء کے مقابلہ زیادہ محتاط نقطۂ نظر اختیار کیا ہے، پھر بھی فرماتے ہیں :

> ......فقہاء نے اضطرار اور حد درجہ کی احتیاج اور شدید مجبوری کی صورت میں جب کہ قرض وغیرہ ملنے کی بھی اُمید نہ ہو، بقدر ضرورت سودی قرض لینے کی اجازت دی ہے،ضرورت سے زیادہ لینا درست نہیں ۔(۱)

ماضی قریب میں ہندوستان کے ممتاز فقیہ حضرت مولانا قاضی مجاہد الاسلام قاسمیؒ فرماتے ہیں :

> بعض حالت میں جب کہ انسان کی کوئی واقعی ضرورت (جسے شریعت بھی ضرورت تسلیم کرے) بغیر سود پر روپیہ حاصل کئے نہ پوری ہوسکتی ہو،تو ایسی صورت میں اپنے اس فعل کی شناعت اور برائی محسوس کرتے ہوئے اور دل سے توبہ واستغفار کرتے ہوئے سود پر رقم لینے کی اجازت دی جاسکتی ہے۔(۲)

ایک اور سوال کے جواب میں لکھتے ہیں :

> ......البتہ بعض حالات ایسے پیش آتے ہیں، جن میں انسان سودی قرض لینے پر مجبور ہوجاتا ہے اور سودی قرض لئے بغیر بنیادی خورد ونوش اور رہائش کی تکمیل نہیں ہو پاتی اور نہ ہی اسے غیر سودی قرض ملتا ہے، جس سے وہ اپنی ضروریات کی تکمیل کر سکے، ایسے ضرورت مندوں اور محتاجوں کے لئے بقدر ضرورت سودی قرض لینے کی گنجائش ہوگی ۔(۳)

ایک اور موقع پر بینک کے توسط سے لاری خریدنے کے تعلق سے سوال کے جواب میں لکھتے ہیں :

> اگر آپ بینک کے توسط کے بغیر لاری نہیں خرید سکتے ہیں اور اس کے علاوہ دوسرا کاروبار بھی آپ کا نہیں ہے، تو یہ ایک مجبوری ہے اور مجبوری کی حالت میں محتاج کے لئے فقہاء نے اس طرح کے قرض لینے کی اجازت دی ہے؛ اس لئے بینک کے توسط سے مذکورہ کاروبار کی گنجائش ہوگی ۔(۴)

---

(۱) فتاویٰ رحیمیہ: ۹/۲۷۰۔

(۲) فتاویٰ قاضی: ۲۲۶، کتاب الحظر والاباحۃ ۔

(۳) فتاویٰ قاضی: ۲۳۰۔

(۴) فتاویٰ قاضی: ۲۳۱۔

خلاصہ یہ ہے کہ عام حالات میں سودی قرض حاصل کرنا ناجائز ہے؛ لیکن اگر کوئی ایسا کام درپیش ہو، جو اصطلاحی اعتبار سے حاجت کے دائرہ میں آتا ہو، یعنی اگر مطلوبہ چیز حاصل نہ ہو، تو وہ لوگوں کے لئے شدید مشقت کا باعث ہو جائے اور اس کے حصول کے لئے سودی قرض کے علاوہ کوئی اور راستہ نہ ہو، تو ایسی صورت میں سودی قرض لینے کی گنجائش ہے؛ البتہ ضروری ہے کہ یہ عمل بھی کراہت خاطر سے ہو؛ تاکہ گناہ کی شناعت ذہن میں باقی رہے اور اس کے ساتھ استغفار کا بھی اہتمام کیا جائے —— لہٰذا ان وضاحتوں کی روشنی میں آپ کے سوالات کے جواب حسبِ ذیل ہیں :

۱- جن لوگوں کے پاس اتنی رقم موجود ہو کہ وہ بقدرِ ضرورت وسعت کا مکان خرید کرسکیں یا کچھ ایسی چیزیں موجود ہوں، جن کو فروخت کر کے اتنی قیمت حاصل کی جاسکتی ہو، ان کے لئے سودی قرض لینا جائز نہیں۔

۲- جن لوگوں کو افراد یا اداروں سے غیر سودی قرض مل سکتے ہوں، ان کے لئے بھی اس مقصد کے تحت سودی قرض لینا جائز نہیں۔

۳- اگر اسلامی بینک مکان مرابحۃً اقساط پر فروخت کرتے ہوں یا شرکت متناقصہ کے اُصول پر فروخت کرتے ہوں اور یہ سہولت خریدار کو حاصل ہو، اگرچہ عام بینکوں کے مقابلہ میں گاہک کو زیادہ پیسے دینے پڑیں، پھر بھی سودی قرض لینے کی اجازت نہیں؛ کیوں کہ حلال چیز کا زیادہ پیسوں میں حاصل ہونا بھی ارزاں قیمت میں حرام کے حاصل ہونے سے بہرحال بہتر ہے۔

۴- اگر ذاتی مکان میسر نہ ہو، اتنی رقم موجود نہ ہو کہ مکان خرید سکے، نہ کوئی اور ایسی شئے موجود ہو، جس کو بیچ کر اتنی رقم حاصل کی جاسکتی ہو، تو اپنی رہائش کے لئے جتنی مکانیت کا مکان ضروری ہو، اتنے کو خرید کرنے کے لئے سودی قرض حاصل کرنے کی گنجائش ہے؛ لیکن ضروری ہے کہ دل سے اسے برا سمجھے، اپنے اس عمل پر استغفار کرے اور جلد سے جلد اس قرض کو ادا کر دینے کی کوشش کرے۔

حقیقت یہ ہے کہ مسلمان آپس میں مل کر ایسی سوسائٹیاں قائم کر سکتے ہیں اور ایسے اسلامک بینک کو ترقی دے سکتے ہیں، جو مکان کی خریدی کو آسان اور سستا بنائے؛ کیوں کہ ہاؤس فائنانسنگ کے بنیادی طور پر دو طریقے ہیں: ایک یہ کہ فائنانس کمپنی ایک مکان خرید کر نفع کے ساتھ خریدئ مکان کے خواہش مند شخص کو فروخت کر دے، ایسی صورت میں اگر اس نے اپنے طور پر گاہک سے قیمت طے کی، تو یہ بیع مساومہ مؤجل ہوگی اور اگر پہلی قیمت ذکر

کر کے اپنا نفع واضح کر دے، تو بیع مرابحہ مؤجل ہوگی اور یہ دونوں صورتیں جائز ہیں، دوسری صورت وہ ہے، جس کو اس دور کے علماء فقہ نے شرکت متناقصہ کا نام دیا ہے، جس کا حاصل یہ ہے کہ کمپنی گاہک کے اشتراک کے ساتھ مکان خرید کر لے، اپنا حصہ گاہک کو کرایہ پر دے اور اس کو مختلف یونٹوں میں تقسیم کر کے فی یونٹ قیمت متشخص کر دے اور باہمی معاہدہ کے تحت جیسے جیسے گاہک ان یونٹوں کو خرید کرتا جائے، اس کا شیئر بڑھتا جائے اور کمپنی کا کم ہوتا جائے اور ظاہر ہے کہ کمپنی کا شیئر جتنا کم ہوتا جائے گا، اس کا حق کرایہ بھی اتنا ہی کم ہوتا جائے گا؛ یہاں تک کہ بالآخر گاہک پورے یونٹس خرید کر لے گا اور پورے مکان کا حق کرایہ بھی اتنا ہی کم ہوتا جائے گا، اس پر بعض فقہی اشکالات پائے جاتے ہیں؛ لیکن ہمارے عہد کے اسلامی معاشیات کے ماہرین تقریباً اس کے جواز پر متفق ہو چکے ہیں۔

یہ دونوں قابل عمل صورتیں ہیں، جس کو نہ صرف اسلامی بینک انجام دے سکتا ہے؛ بلکہ چند مسلمان سرمایہ کار مل کر اس مقصد کے لئے کمپنی کی تشکیل کر سکتے ہیں اور یہ دونوں صورتیں پوری طرح قابل عمل بھی ہیں۔

کرنے کا کام صرف یہ ہے کہ یہ مالیاتی ادارے اپنے نفع کے تناسب کو کم کرنے پر راضی ہو جائیں، کم نفع لے کر زیادہ تجارت کے اُصول پر عمل کریں، اس طرح مسلمان سودی قرض کی لعنت سے نجات پا سکتے ہیں اور انھیں اس لعنت سے بچانے میں انشاءاللہ ان سرمایہ کاروں کو اجر و ثواب بھی حاصل ہوگا۔

وباللہ التوفیق وھو المستعان .

○ ○ ○

انشورنس اور مغربی ممالک

اس میں شبہ نہیں کہ موجودہ صنعتی عہد میں خطرات کی کثرت کی وجہ سے انشورنس ایک ضرورت بن گئی ہے اور یہ بھی ایک حقیقت ہے کہ ان خطرات میں ہونے والے نقصانات کی تلافی کے لئے اسلامی تعلیمات کے دائرہ میں رہتے ہوئے ایسا نظامِ تکافل قائم کیا جاسکتا ہے، جس کی بنیاد تبرع اور تعاون پر ہو، جس کا مقصد مالی منافع کا حاصل کرنا نہ ہو اور ایک حد تک دنیا کے مختلف ملکوں میں اس کا عملی تجربہ بھی کیا جارہا ہے؛ لیکن بدقسمتی سے جن لوگوں کے ہاتھوں انشورنس کے نظام کی تشکیل ہوئی ہے، وہ مذہبی مسلمات اور اخلاقی اقدار پر یقین نہیں رکھتے ہیں اور ان کا اصل مذہب مادیت پرستی ہے؛ اس لئے انشورنس کا مروجہ نظام جمہور فقہاء عالم اسلام و ہند کے نزدیک ربا اور قمار پر مشتمل ہونے کی وجہ سے ناجائز ہے، گو بعض اہل علم کا رجحان اس کے جواز کی طرف ہے اور اس نقطۂ نظر کے حاملین میں عالم اسلام کے ممتاز فقیہ شیخ مصطفیٰ زرقاءؒ اور ہندوستان کے اہل علم میں ڈاکٹر نجات اللہ صدیقی کا نام خصوصیت سے قابل ذکر ہے؛ لیکن اُمت کے سوادِ اعظم کے نزدیک یہ بات قابل قبول نہیں ہے؛ البتہ اگر ملکی قانون کے تحت انسان کسی کام پر مجبور ہو، تو ظاہر ہے کہ وہ فعل اس کے لئے دائرۂ جواز میں آجاتا ہے؛ کیوں کہ حالت اختیار کے احکام اور اختیار سے محروم ہونے کی حالت کے احکام یکساں نہیں ہوتے اور شریعت میں اس کی رعایت ملحوظ رکھی گئی — اس لئے :

(الف) اگر گاڑیوں اور گھروں کے لئے حکومت کی جانب سے انشورنس کو لازم قرار دیا گیا ہو، تو انشورنس کرانے کی گنجائش ہوگی اور اگر کوئی حادثہ پیش آجائے تو پالیسی لینے کے بعد سے اب تک جتنی رقم اس نے جمع کی ہے، وہ تو اس کے لئے جائز ہوگی اور بقیہ رقم کو بلا نیت ثواب صدقہ کردینا واجب ہوگا، نیز اس کے لئے یہ بھی گنجائش ہے کہ اس رقم کو محفوظ کرکے انشورنس کی آئندہ قسطیں اس رقم میں سے ادا کرتا جائے — جو رقم اس نے جمع کی تھی، اتنی رقم اس کے لئے اس لئے جائز ہوگی کہ وہ خود اس کی جمع کی ہوئی حلال رقم ہے، زائد رقم کو صدقہ کردینا اس لئے واجب ہے کہ مالِ حرام

اگر مالک کو لوٹایا نہ جاسکتا ہو، تو اس کا حکم یہی ہے کہ اسے صدقہ کردیا جائے، اجر وثواب کی نیت اس لئے نہیں کرنی چاہئے کہ رسول اللہ ﷺ نے ارشاد فرمایا: ''لا صدقة من غلول''۔(۱)

— اور بچی ہوئی رقم محفوظ کر کے اس سے قسطیں ادا کرنا اس لئے درست ہے کہ یہ مالِ حرام کو صاحب مال کی طرف واپس لوٹانا ہے اور مالِ حرام کا فقہاء نے یہی حکم لکھا ہے۔

(ب) جن ملکوں میں میڈیکل انشورنس کو تمام لوگوں یا کسی خاص پیشہ سے جڑے ہوئے لوگوں کے لئے لازم قرار دیا گیا ہو، ظاہر ہے کہ ان کے لئے انشورنس کرانا قانونی مجبوری کے تحت جائز ہوگا، اب اگر وہ صاحب استطاعت ہوں اور خود اپنا علاج کراسکتے ہوں، ان کے لئے تو انشورنس کلیم کی صورت میں اتنی ہی رقم جائز ہوگی، جو انھوں نے خود جمع کی تھی، باقی رقم سے استفادہ کرنا جائز نہیں ہوگا اور ضروری ہوگا کہ اسے بلا نیت ثواب صدقہ کردیں اور اگر وہ خود اپنا علاج کرانے سے قاصر ہوں، نہ نقد رقم ہو نہ کوئی ایسا سامان ہو، جسے بیچ کر علاج کراسکے، کوئی اور شخص بھی علاج کی ذمہ داری قبول کرنے اور اس میں تعاون کرنے کو تیار نہ ہو تو ایسی انتہائی مجبوری کی صورت میں اس زائد رقم سے بھی علاج کے لئے استفادہ کرنا جائز ہوگا۔

(ج) سنا گیا ہے کہ بہت سے مغربی ملکوں میں علاج اس قدر گراں ہے کہ متوسط آمدنی کے حامل کے لوگوں کی گنجائش سے بھی باہر ہے اور ظاہر ہے کہ علاج ایک ضرورت ہے؛ اس لئے ایسے ملکوں میں ان لوگوں کے لئے میڈیکل انشورنس کرانا اور علاج کے لئے اس سے فائدہ اٹھانا جائز ہوگا، جن کی آمدنی قلیل ہو، خاص کر ایسی حالت میں کہ وہ کسی کثیر اخراجات طلب بیماری میں مبتلا بھی ہوں، جیسا کہ فقہ کا مشہور قاعدہ ہے: ''الضرورات تبيح المحظورات'' — البتہ اس سلسلے میں ہر آدمی کے لئے اپنے طور پر فیصلہ کرنے کی اجازت نہیں ہے؛ بلکہ جو شخص مبتلی بہ ہے، اسے چاہئے کہ کسی معتبر و مستند مفتی کے سامنے اپنے احوال رکھ کر اس کے فتویٰ پر عمل کرے۔

(۱) ترمذی، أبواب الطهارة، باب ماجاء لا تقبل صلاة بغير طهور، حدیث نمبر:۱۔

(د) اگر گاڑی کا انشورنس کرایا جائے اور یہ انشورنس اس شخص سے متعلق ہو، جسے ایکسیڈنیٹ سے نقصان پہنچے، تو چوں کہ ایکسیڈینٹ میں بڑی رقمیں ادا کرنی پڑتی ہیں، جو بعض اوقات متوسط آمدنی کے لوگوں کے لئے دشوار ہوتی ہیں؛ اس لئے اگر کوئی شخص ایسے واقعے سے دوچار ہو اور قانون کے تحت جو جرمانہ اس پر عائد ہوتا ہو، وہ اس کے ادا کرنے کی گنجائش نہیں رکھتا ہو، تو اس کے لئے انشورنس کی اس رقم سے استفادہ کرنا اور کمپنی سے متاثرہ شخص کو ہرجانہ دلانے کی گنجائش ہے؛ البتہ جو لوگ صاحب استطاعت ہوں اور وہ جرمانہ ادا کر سکتے ہوں، ان کے لئے کمپنی کی رقم سے فائدہ اٹھانا جائز نہیں ہے۔ واللہ اعلم

(ہ) اس کے علاوہ انشورنس کی جو صورتیں ہیں، جیسے آگ کے حادثہ وغیرہ کے لئے احتیاطی انشورنس، قرض، بیمہ، جائداد واشیاء کا بیمہ، یہ تمام صورتیں جائز نہیں ہیں۔

اس بات کا تذکرہ مناسب ہوگا کہ ہندوستان کے علماء —— جیسا کہ مذکور ہوا، —— انشورنس کو ناجائز قرار دیتے ہیں؛ لیکن ملکی حالات کے پس منظر میں عام طور پر علماء نے فرقہ وارانہ فسادات کے نقصان کی تلافی کے لئے جان و مال کے انشورنس کی اجازت دی ہے؛ کیوں کہ ایسے مواقع پر مسلمانوں کو جانتے بوجھتے نقصان پہنچایا جاتا ہے اور حکومت —— جس کے فرائض میں عوام کے جان و مال کی حفاظت بھی ہے —— اپنی ذمہ داری سے پہلوتہی کرتی ہے؛ بلکہ بعض اوقات مفسدین کے لئے تقویت کا باعث بنتی ہے؛ چنانچہ مجلس تحقیقات شرعیہ ندوۃ العلماء لکھنؤ، ادارۃ المباحث الفقہیہ جمعیت علماء ہند اور اسلامک فقہ اکیڈمی انڈیا نے اس سلسلے میں تجویزیں منظور کی ہیں اور اکابر ارباب افتاء مولانا مفتی محمود حسن گنگوہی (فتاویٰ محمودیہ: ۱۶/۳۹۰) مفتی نظام الدین اعظمی (منتخبات نظام الفتاویٰ: ۲/۲۵۱) اور مفتی عبدالرحیم لاجپوری (فتاویٰ رحیمیہ: ۹/۲۷) وغیرہ کے فتاویٰ اس سلسلے میں موجود ہیں، یہ اس بات کا ثبوت ہے کہ یہ حضرات انشورنس کو اُصولی طور پر ناجائز سمجھنے کے باوجود ضرورت کے مواقع پر اس کی گنجائش کے قائل ہیں۔

انشورنس کے جواز کے سلسلے میں اہل علم کا نقطۂ نظر اور تعاونی انشورنس یا تکافل کے مسائل پر میں نے اس لئے گفتگو نہیں کی کہ اس پر عربی، اُردو اور دوسری زبانوں میں تفصیلی کتابیں آچکی ہیں اور اہل علم اس سے واقف ہیں، ضرورت اس بات کی ہے کہ مسلمان اپنے طور پر نظامِ تکافل قائم کریں، جو اسلامی اُصولوں کے دائرہ میں ہو، جس کی بنیاد تبرع اور وقف پر ہو اور یہ موجودہ زمانے کی مشکلات کو حل کر سکتا ہو؛ کیوں کہ جب تک حرام کا حلال متبادل موجود نہ ہو، لوگوں کو حرام سے بچایا نہیں جا سکتا۔ وباللہ التوفیق۔

○ ○ ○

مسلمان اور الیکشن

موجودہ دور میں جمہوری نظام پوری دنیا میں ایک آئیڈیل نظام کی حیثیت سے مروج ہو چکا ہے، جمہوریت عوام کے ذریعہ عوام کی عوام پر حکومت سے عبارت ہے، اس نظام میں بعض خوبیاں بھی ہیں اور خامیاں بھی اور اگر اسلامی نقطۂ نظر سے دیکھا جائے، تو اس میں بعض باتیں اسلام سے ہم آہنگ ہیں اور بعض باتیں اسلام کے مزاج سے مختلف بھی ہیں، خوبی یہ ہے کہ ایک شخص پوری قوم کو غلام نہیں بنا سکتا اور لوگوں کی رضامندی کے بغیر ان پر اپنے اقتدار کو نہیں تھوپ سکتا، خامی یہ ہے کہ جمہوریت میں مقدار کو معیار پر ترجیح حاصل ہوتی ہے اور صلاحیت کے بجائے تعداد پر فیصلے کئے جاتے ہیں۔

اسلام سے اس نظام کی ہم آہنگی یہ ہے کہ اسلام میں حکومت کا جو آئیڈیل تصور ہے، وہ خلافت ہے، خلیفہ لوگوں کے انتخاب سے حکومت پر فائز ہوتا ہے اور لوگوں کے مشورہ سے حکومت چلاتا ہے، جمہوریت میں بھی حکمراں کو عوام منتخب کرتی ہے اور وہ عوامی نمائندوں کے مشورہ سے ہی حکومت کی ذمہ داریاں انجام دیتا ہے؛ لیکن مختلف اُمور میں مروجہ جمہوری نظام اسلامی تعلیمات سے مختلف ہے :

(الف) موجودہ مغربی جمہوریت میں قانون کا سرچشمہ انسان ہے اور ملک کی پارلیمنٹ حلال وحرام کے فیصلے کر سکتی ہے، جب کہ اسلام میں قانون کا سرچشمہ اللہ تعالیٰ کی ذات ہے اور حلال وحرام کی کلید اللہ ہی کے ہاتھ میں ہے ''إن الحکم إلا للہ ''۔(یوسف:۴۰)

(ب) اس انتخابی نظام میں اپنے آپ کو اُمیدوار کی حیثیت سے پیش کرنا اور عوام سے اپنے حق میں ووٹ مانگنا پڑتا ہے؛ حالاں کہ اسلام میں کسی عہدہ کے طلب کرنے کو ناپسند کیا گیا ہے؛ چنانچہ عبدالرحمٰن بن سمرہ سے مروی ہے :

> قال لي رسول اللہ صلی اللہ علیہ وسلم : یا عبد الرحمن ! لا تسأل الإمارۃ ، فإنک إن أعطیتھا عن مسئلۃ ، وکلت إلیھا وإن أعطیتھا عن غیر مسئلۃ أعنت علیھا . (۱)

(۱) أحکام القرآن للقرطبی:۹/۲۱۶۔

(ج) پارلیمنٹ بعض ایسے قوانین بناتی ہے یا سیاسی جماعتیں اپنے منشور میں بعض ایسی باتوں کو شامل رکھتی ہیں، جو مکمل طور پر اسلامی تعلیمات کے مغائر ہیں، مثلاً ہم جنسی کے نکاح کی اجازت وغیرہ، جب کوئی مسلمان پارلیمنٹ یا سیاسی جماعت کا حصہ ہوتا ہے، یا اس کو منتخب کرنے میں اپنے ووٹ کے ذریعے مدد پہنچاتا ہے، تو گویا وہ بھی اس میں شریک ہوتا ہے۔

(د) اگر کوئی مسلمان الیکشن میں منتخب ہو جائے، تو اسے ملک کے دستور سے وفاداری کا حلف اٹھانا پڑتا ہے؛ حالاں کہ اس میں بہت سی باتیں اسلامی تعلیمات کے مغائر ہوتی ہیں، ایک طرف دینی نقطۂ نظر سے یہ دشواریاں ہیں اور دوسری طرف مسلمانوں کے الیکشن میں حصہ لینے فائدہ یہ ہے کہ سیاسی جماعتوں پر اور حکومتوں پر دباؤ قائم رکھا جاسکتا ہے، اسلام اور مسلمانوں کے خلاف اگر کوئی فیصلہ ہو، تو اسے روکنے کی کوشش کی جاسکتی ہے اور جمہوری نظام میں ایسے گروہ کو خاص اہمیت حاصل ہوتی ہے، جو ووٹ کی قوت رکھتا ہو، چنانچہ جن جمہوری ممالک میں مسلمانوں کی قابل لحاظ آبادی ہے، وہاں بہت سے مسائل میں حکومت کو مسلمانوں کے موقف کو قبول کرنا ہوتا ہے؛ بلکہ بعض ممالک میں تو مسلمانوں کو شخصی زندگی سے متعلق قوانین کو جتنا تحفظ حاصل ہے، بہت سے مسلم ممالک میں بھی اس درجہ کا تحفظ حاصل نہیں ہے؛ اس لئے یہ ایک حقیقت ہے کہ اگر مسلمان اپنے آپ کو سیاسی انتخابات سے الگ تھلک کرلیں، تو وہ بہ حیثیت ایک قوم اپنی مصالح کا تحفظ نہیں کرسکیں گے۔

ایسے مواقع پر شریعت کا بنیادی نقطۂ نظر یہ ہے کہ زیادہ درجہ کے مفسدہ سے بچنے کے لئے کم تر درجہ کے مفسدہ کو قبول کرلیا جائے، فقہاء نے اسے مختلف الفاظ میں تعبیر کیا ہے، جن میں سے چند یہ ہیں:

إذا تعارضت مفسدتان، روعی أعظمهما ضرراً بارتكاب أخفهما.

جب دو مفاسد کا تعارض ہو، تو چھوٹے ضرر کا ارتکاب کرتے ہوئے بڑے ضرر سے بچنے کو ملحوظ رکھا جائے گا۔

الضرر الأشد يزال بالضرر الأخف.

کم تر نقصان کے ذریعے بڑے درجہ کے نقصان کو دور کیا جائے گا۔

يختار أهون الشرين.

دو شر میں سے کم تر کو گوارا کیا جائے گا۔

يحتمل الضرر الخاص لمنع الضرر العام.

اجتماعی نقصان کو دور کرنے کے لئے انفرادی نقصان کو گوارا کیا جائے گا۔

چنانچہ علامہ ابن تیمیہؒ اس قاعدہ پر بحث کرتے ہوئے فرماتے ہیں:

إذا تعارضت المصالح والمفاسد والحسنات والسيئات أو تزاحمت،

فإنه يجب ترجيح الراجح منها فيما إذا ازدحمت المصالح والمفاسد وتعارضت المصالح والمفاسد ، فإن الأمر والنهي وإن كان متضمنا لتحصيل مصلحة ودفع مفسدة ، فينظر في العارض له ، فإن كان الذي يفوت من المصالح أو يحصل من المفاسد أكثر ، لم يكن مأموراً به ، بل يكون محرما إذاكانت مفسدته أكثر من مصلحته . (۱)

جب مصالح ومفاسد، خوبیوں اور خامیوں میں تعارض اور ٹکراؤ ہوجائے، تو ضروری ہے کہ ترجیح سے کام لیا جائے؛ اس لئے کہ امر اور نہی اگر چہ کہ کسی مصلحت کے حاصل کرنے اور کسی مفسدہ کو دور کرنے کو ہی شامل ہوتا ہے؛ لیکن اس کے ساتھ جو عارض سامنے آرہا ہے، اس پر غور کیا جائے، چنانچہ اگر فوت ہونے والی مصلحتیں اور پیدا ہونے والے مفاسد زیادہ ہوں، تو وہ مامور بہ نہیں ہوں گے؛ بلکہ حرام ہوں گے، بشرطیکہ اس کا مفسدہ مصلحت سے زیادہ ہو۔

اسی قاعدہ سے استشہاد کرتے ہوئے اور رسول اللہ ﷺ کی حیاتِ طیبہ کے ایک واقعہ کو پیش کرتے ہوئے علامہ صلاح الدین علائی نے لکھا ہے کہ اس قاعدہ کی اصل صلح حدیبیہ ہے، جو بظاہر مسلمانوں کے خلاف تھی؛ اسی لئے حضرت عمر رضی اللہ عنہ کو اس پر اشکال بھی ہوا؛ لیکن آپ ﷺ نے اسے قبول کرلیا؛ کیوں کہ مکہ میں ایسے لوگوں کی اچھی خاصی تعداد تھی، جو اپنے اسلام کو چھپائے ہوئے تھے، اگر جنگ ہوتی، تو یہ لوگ بھی مارے جاتے، جو یقیناً بڑے مضرت کی بات ہوتی (۲) —— دوسری قابل لحاظ بات یہ ہے کہ حالت اختیار اور حالت مجبوری کے احکام یکساں نہیں ہوتے ہیں؛ جیسا کہ فقہاء کا مشہور قاعدہ ہے ''**الضرورات تبيح المحظورات**'' امام شافعیؒ نے اسی قاعدہ کو ان الفاظ میں بیان فرمایا ہے :

يجوز في الضرورة مالا يجوز في غيرها . (۳)

ظاہر ہے مسلمان اپنے ملک میں بڑی حد تک حالت اختیار میں ہوتے ہیں اور جہاں اقلیت میں ہوں، وہاں اس درجہ اختیار کے حامل نہیں ہوتے ہیں؛ اس لئے اگر ایسے علاقہ میں وہ بعض احکام شرعیہ پر عمل کرنے سے معذور ہوں، تو وہ اس کے بارے میں جواب دِہ نہیں ہیں۔

---

(۱) مجموع الفتاویٰ شیخ الاسلام: ۱۲۹/۲۸۔

(۲) دیکھئے: المجموع المهذب في قواعد المذهب: ۳۸، الوجه الاول .

(۳) الأم: ۱۶۸/۴، تفريع فرض الجهاد .

پس ان دونوں اُصولوں سے یہ بات واضح ہوتی ہے کہ مسلمانوں کے لئے جمہوری ممالک میں انتخاب میں حصہ لینا نہ صرف جائز ہے؛ بلکہ ممکن ہے کہ بعض حالات میں یہ ان پر واجب قرار پائے ،اس سلسلے میں ایک نظیر اللہ کے پیغمبر حضرت یوسف علیہ السلام کے حیاتِ طیبہ میں بھی ملتی ہے۔

حضرت یوسف نے عزیز مصر سے مطالبہ کیا تھا کہ مصر کی وزارتِ خزانہ ان کے حوالے کر دی جائے ''قَالَ اجْعَلْنِيْ عَلٰى خَزَآئِنِ الْأَرْضِ '' (یوسف:۵۵) بعض علماء ہند کی رائے ہے کہ حضرت یوسف علیہ السلام کا مطالبہ حکومت کے ایک شعبہ کی ذمہ داری کا نہیں تھا؛ بلکہ پوری حکومت کا تھا؛ لیکن یہ بات صحیح نظر نہیں آتی ،قرآن کے الفاظ سے بھی معلوم ہوتا ہے کہ یہ مصر کی وزارتِ مالیات کا مطالبہ تھا، چنانچہ علامہ ابن جریر طبری فرماتے ہیں :

قال یوسف للملک : اجعلنی علی خزائن أرضه . (۱)

حضرت یوسف نے بادشاہ سے کہا کہ مجھے اپنے ملک کے خزانہ کا ذمہ دار بنا دو۔

علامہ فخر الدین رازیؒ کا بیان ہے :

اجعلنی علی خزائن الأرض ای علی خزائن أرض مصر . (۲)

یعنی سرزمین مصر کی مالیات پر مجھے ذمہ دار مقرر کر دو۔

نیز ابن کثیر لکھتے ہیں :

إنما سأله أن یجعله علی خزائن الأرض . (۳)

حضرت یوسف نے ان سے مطالبہ کیا کہ ان کو ملک کے خزانہ پر ذمہ دار مقرر کر دیا جائے۔

مفسر ابو سعود عمادی نے مزید وضاحت سے لکھا ہے :

أي : ولني أمرها من الإیراد والصرف . (۴)

یعنی مجھے مالیات کی آمد وصرف پر ذمہ دار بنا دو۔

اس سے معلوم ہوا کہ مسلمان کسی غیر مسلم حکومت میں نظم ونسق کا حصہ بن سکتے ہیں ،گو اس کے تمام قوانین شریعت کے مطابق نہ ہوں ،چنانچہ ہم دیکھتے ہیں کہ حضرت یوسف کو بن یامین کو روکنے کے لئے پیالہ اس کے سامان

---

(۱) تفسیر طبری:۴/۳۷۷۔

(۲) مفاتی الغیب:۹/۸۵۔

(۳) تفسیر القرآن العظیم:۳/۴۷۳۔

(۴) تفسیر ابی السعود:۳/۲۸۶۔

میں ڈالنا پڑا؛ کیوں کہ حکومتِ مصر کا یہی قانون تھا اور بظاہر یہ اس وقت کی شریعتِ الٰہی کا قانون نہیں تھا؛ چنانچہ اسی پس منظر میں علامہ قرطبی نے بعض اہل علم کا موقف اس طرح نقل کیا ہے :

قال بعض أهل العلم : فی هذه الآية ما يبيح للرجل الفاضل أن يعمل للرجل الفاجر والسلطان الكافر بشرط أن يعلم أنه يفوض إليه فی فعل لا يعارضه فيه ، فيصلح منه ما شاء وأما إذا كان عمله بحسب اختيار الفاجر وشهواته وفجوره ، فلا يجوز ذلک . (۱)

بعض اہل علم نے کہا ہے کہ یہ آیت اس بات پر دلالت کرتی ہے کہ بہتر آدمی برے آدمی اور کافر حکمراں کے لئے کام کرسکتا ہے، بشرطیکہ اسے معلوم ہوا کہ جو کام اسے سپرد کیا جارہا ہے، اس میں وہ کافر حکمراں اس کے معارض نہیں ہوگا کہ وہ اس طرح کا جو کام چاہے کرسکتا ہے اور اگر اس کا عمل فاجر و فاسق شخص کے اختیار، اس کی خواہشات اور برائیوں کے مطابق انجام دینا پڑے، تو یہ اس کے لئے جائز نہیں۔

خلاصۂ بحث

۱- جمہوری ممالک میں مسلمانوں کا انتخابی عمل میں شریک ہونا خواہ خود اُمیدوار بن کر ہو یا کسی اُمیدوار کے حق میں ووٹ دے کر جائز ہے۔

۲- چوں کہ انتخاب میں مؤثر ہونے کے لئے بعض اوقات کسی سیاسی جماعت میں شرکت کی ضرورت پڑتی ہے؛ اس لئے ''**إذا ثبت الشئ ثبت بلوازمه**'' کے تحت یہ عمل بھی جائز ہوگا۔

۳- کسی اُمیدوار یا سیاسی جماعت کی تائید کے سلسلے میں اہون البلیتین کو اختیار کیا جائے گا، اگر کسی سیاسی جماعت کے منشور میں اسلام اور مسلمانوں کے مفاد کے خلاف کوئی بات نہ ہو اور دوسری جماعت کے منشور میں ایسی بات ہو، تو پہلی جماعت قابل ترجیح ہوگی ، اگر دونوں جماعتوں کے منشور میں خلافِ اسلام باتیں موجود ہوں، تو نسبتاً کم ضرر رساں جماعت یا اُمیدوار کو ووٹ دیا جائے گا اور اگر ایک سے زیادہ سیاسی جماعتیں اپنے عزائم اور گذشتہ ریکارڈ کے اعتبار سے یکساں حیثیت کی حامل ہوں، تو اُمیدوار کے بہتر اور غیر بہتر یا کم اور زیادہ بہتر ہونے کے اعتبار سے فیصلہ کیا جائے گا۔

---

(۱) أحكام القرآن للقرطبی:۲۱۵/۹۔

۴- اگر مسلمان نمائندے سیاسی پارٹی یا مجلس قانون ساز میں فیصلہ پر اثر انداز ہونے کے موقف میں نہ ہوں، تب بھی مسلمان نمائندوں پر یہ بات واجب ہوگی کہ وہ ایسے فیصلوں کے خلاف صدائے احتجاج بلند کریں اور قانون کے دائرہ میں رہتے ہوئے اس کی مخالفت کریں، جیسا کہ رسول اللہ ﷺ نے ارشاد فرمایا :

من رأى منكم منكرا فليغيره بيده ، فإن لم يستطع فبلسانه وإن لم يستطع فبقلبه .

تم میں سے جو شخص کسی برائی کو دیکھے، تو اسے بزور طاقت روکے، اگر اتنی طاقت نہ ہو، تو زبان سے روکے اور اتنی بھی نہ ہو تو دل سے (یعنی دل سے برا سمجھے اور بوقت قدرت اس کے روکنے کا عزم رکھے)۔

○ ○ ○

حدیث — اُصول، تخریج، تدریس☆

الحمد لله رب العالمين ، والصلاة والسلام على سيد المرسلين
وعلى آله واصحابه اجمعين ومن تبعهم باحسان إلى يوم الدين .

جناب صدر، مہمان معزز، علماء کرام اور طلبۂ عزیز! تمام اسلامی تعلیمات کا سرچشمہ کتاب اللہ اور سنت رسول ہے؛ چنانچہ رسول اللہ ﷺ نے ارشاد فرمایا ''ترکت فيكم شيئين لن تضلوا بعدهما كتاب الله وسنتي''(۱) ان دونوں مصادر شریعت میں سے جہاں کتاب اللہ کو یہ امتیاز حاصل ہے کہ وہ استناد کے اعلیٰ ترین مقام پر ہے اور اس کا ایک ایک حرف محفوظ ہے؛ بلکہ خود اللہ تعالیٰ نے اس کی حفاظت کا وعدہ فرمایا ہے ''إِنَّا نَحْنُ نَزَّلْنَا الذِّكْرَ وَإِنَّا لَهُ لَحَافِظُوْنَ'' (الحجر:۹) اور جس کے شک وشبہ سے بالاتر ہونے کی خود قرآن مجید نے صراحت کی ہے ''ذٰلِكَ الْكِتَابُ لاَ رَيْبَ فِيْهِ'' (البقرۃ:۲) وہیں حدیث کو یہ اہمیت حاصل ہے کہ وہ قرآن مجید کا بیان اور شریعت اسلامی کی توضیح وتفسیر ہے؛ اسی لئے امام اوزاعیؒ نے فرمایا: ''الكتاب أحوج إلى السنة من السنة إلى الكتاب'' حدیث کی اسی اہمیت کی وجہ سے اسے ہر عہد کے اصحابِ نظر علماء اور محققین کی خصوصی توجہ حاصل رہی ہے اور دوسری صدی ہجری سے لے کر موجودہ صدی تک کوئی عہد ایسا نہیں گذرا، جس میں حدیث کے مختلف پہلوؤں پر، اس عہد کی ضرورتوں کے مطابق بہت سی تصنیفات منظر عام پر نہیں آئی ہوں، روایت وتدریس اور تصنیف وتحقیق غرض ہر پہلو سے اس فن کی ایسی عظیم الشان خدمت کی گئی ہے کہ اس کو رسول اللہ ﷺ کے معجزہ کے سوا اور کچھ نہیں کہا جاسکتا۔

اصل میں اللہ تعالیٰ کا نظام یہ ہے کہ جس چیز سے انسانیت کا نفع متعلق ہوتا ہے، اسے باقی رکھتے ہیں اور جن چیزوں سے انسانیت کا نفع متعلق نہیں ہوتا، وہ بہ تدریج ختم ہوجاتی ہیں، جب بارش کا موسم آتا ہے تو کتنے ہی خودرو پودے زمین میں اُگ آتے ہیں؛ مگر برسات کے گذرتے ہی یہ پودے آہستہ آہستہ ختم ہوجاتے ہیں؛ لیکن جو

☆ المعہد العالی الاسلامی حیدرآباد میں تخریج حدیث کے موضوع پر ایک ورکشاپ کا انعقاد عمل میں آیا تھا، یہ اس کا ''خطبۂ افتتاحیہ'' ہے۔

(۱) كنز العمال ، الاعتصام بالكتاب والسنة، حدیث نمبر:۸۷۶۔

پودے انسان کے لئے مفید ہوتے ہیں، ان کی عمر دراز ہوتی ہے؛ بلکہ بعض کی عمر تو سو سال سے بھی زیادہ ہوتی ہے، اسی طرح جن جانوروں سے انسان کی غذا اور دوسرے مفادات متعلق ہوتے ہیں، باوجودیکہ وہ کثیر مقدار میں ذبح کئے جاتے ہیں؛ لیکن ان کی نسلیں بڑھتی رہتی ہیں، جیسے گائیں اور بکرے، اور جن جانوروں سے انسان کا مفاد متعلق نہیں ہے، ان کی نسلیں گھٹتی اور ختم ہوتی جارہی ہیں، اگر چہ کہ وہ طاقتور ہیں اور آپ اپنی حفاظت کی صلاحیت رکھتے ہیں، جیسے: شیر، مذاہب اور مذہبی شخصیتوں کے سلسلے میں بھی قدرت کا یہی نظام کارفرما ہے، جن مذہبی کتابوں سے اب انسان کی ہدایت متعلق نہیں رہی، وہ محفوظ نہیں رہیں اور وہ انسانی آمیزشوں اور ملاوٹوں کا شکار بن گئیں، اسی طرح ان مذہبی پیشواؤں کی سیرت بھی اپنی حقیقی حالت میں آج موجود نہیں ہے، یہاں تک کہ جن پیغمبروں کا قرآن مجید میں ذکر آیا ہے اور جن پر ہمارا ایمان ہے، ان کی زندگی کے بھی محض چند واقعات آج روشنی میں ہیں؛ بلکہ اگر قرآن مجید میں ان کا ذکر نہ ہوتا، تو تاریخی طور پر ان کی تصدیق بھی دشوار ہوتی؛ لیکن جناب محمد رسول اللہ ﷺ پر چوں کہ نبوت کا سلسلہ مکمل ہو چکا ہے اور قیامت تک انسانیت آپ ہی کے نبوت کے سایہ میں رہے گی، اس لئے من جانب اللہ آپ کی پوری زندگی تاریخ کی روشنی میں ہے اور آپ کے فرمودات و معمولات اس طرح محفوظ ہیں کہ زندگی کا کوئی گوشہ اندھیرے میں نہیں ہے، اس لئے حدیث کی حفاظت دراصل قرآن کی حفاظت اور رسول اللہ ﷺ پر ختم نبوت کا لازمی تقاضہ ہے۔

حدیث کی نقل و روایت کی خدمت اس کے ابتدائی عہد میں جس طرح عربوں نے کی، اسی طرح اس کے جمع و تدوین اور اس فن کو اوجِ کمال تک پہنچانے کا سہرا زیادہ تر ایرانی نژاد علماء کے حصہ میں آیا، پھر مصر و شام اور فلسطین و یمن کے علاقوں سے اُٹھنے والے اہل علم نے اس فن کی آبیاری میں حصہ لیا ہے، اسی طرح ہندوستان گو جزیرۃ العرب سے دور دراز کا علاقہ ہے؛ لیکن اسے یہ شرف حاصل ہے کہ حضرت عمر کے ابتدائی عہد میں ہی یہاں سے اہل ایمان کا قافلہ حجاز مقدس پہنچ چکا تھا اور بعض تاریخی روایات سے معلوم ہوتا ہے کہ رسول اللہ ﷺ کے زمانہ میں ہی ہندوستان کے ساحلی علاقہ پر اسلام کی روشنی پہنچ گئی تھی، اس دیار نے جہاں مختلف اسلامی اور عربی علوم کی خدمت کی ہے، وہیں حدیث نبوی کی خدمت میں بھی اس کا نمایاں حصہ رہا ہے۔

برصغیر کا علم حدیث سے قدیم رابطہ رہا ہے، یہاں حضرت عمر کے عہد سے ہی صحابہ اور تابعین کا ورود شروع ہو گیا تھا، عہد فاروقی میں پانچ صحابہ، عبداللہ بن عبداللہ بن عتبان انصاری، عاصم بن عمرو تمیمی (جو فتح عراق میں حضرت خالد بن ولید کی فوج میں شامل تھے)، قبیلۂ بنو عبدالقیس کے صحار بن عبدی، سہیل بن عدی اور حکم بن ابی العاص ثقفی کا ذکر ملتا ہے، اس طرح حضرت عثمان غنی کے عہد میں عبید اللہ بن معمر تمیمی مدنی، عبدالرحمٰن بن سمرہ (جو فتح مکہ کے موقع پر مسلمان ہوئے) اور حضرت امیر معاویہ کے عہد میں سنان بن سلمہ ہذلی، جو سندھ تشریف لائے، ان میں

بعض حضرات کے راویان حدیث میں شامل ہونے کی صراحت ملتی ہے ،اور عمومی طور پر صحابہ کی تربیت اس طرح ہوئی تھی کہ وہ کہیں بھی اور کسی بھی نسبت سے پہنچتے ،رسول اللہ ﷺ کے ارشادات لوگوں تک پہنچاتے ۔

اس عہد کے بعد موسیٰ بن یعقوب ثقفی —— جو محمد بن قاسم کے ساتھ سندھ آئے تھے —— یزید بن ابی کبشہ سکسکی دمشقی —— جن کو سلیمان بن عبد الملک نے محمد بن قاسم کی جگہ مقرر کیا —— تابعی تھے اور ماہرین رجال نے ان کو ثقہ راوی شمار کیا ہے، بخاری میں بھی ان کی روایت ہے، مفضل بن ابی صفراء، ابوموسیٰ اسرائیل بن موسیٰ بصری —— جن کے تلامذہ میں سفیان ثوری، سفیان بن عیینہ اور یحییٰ بن سعید القطان جیسے محدثین ہیں —— عمرو بن سفیان ثوری، ربیعہ بن صبیح بصری ، جو حسن بصری کے شاگرد تھے اور جن کو اسلام میں پہلا مصنف قرار دیا گیا ہے ، جیسے اہل علم اور علماء حدیث پہلی اور دوسری صدی ہجری میں وارد ہند ہوئے ، پھر سندھ کے شہر دیبل اور سندھ ہی میں محمد بن قاسم کے قائم کئے ہوئے شہر منصورہ کو مشرق میں اشاعت علم حدیث کے مرکز کی حیثیت حاصل ہوگئی اور اس وقت سے یہاں علم حدیث کی خدمت کا تسلسل قائم رہا۔

عام طور پر علماء ظاہر اور علماء باطن میں چشمکیں رہتی ہیں ؛ لیکن ہندوستان میں صوفیاء کی خدمت کا ایک امتیازی پہلو یہ رہا ہے کہ دہلی اور اس کے مشرق و مغرب کے علاقوں میں علم حدیث کی نشر واشاعت صوفیاء اور ان کی خانقاہوں سے ہوئی ، شاہ نظام الدین اولیاء (جن کے فیض کا دائرہ دور دور تک وسیع تھا) نے اپنی شہرت ومقبولیت کے عروج کے زمانہ میں علم حدیث کی تحصیل کے لئے مولانا کمال الدین زاہد کا تلمذ اختیار کا اور ان سے ''مشارق الانوار'' پڑھی ، جو تدریسی نقطۂ نظر سے ہندوستان میں مقبول ترین کتاب تھی ، حدیث کی وجہ سے وہ صلاۃ جنازہ علی الغائب ،قراءۃ فاتحہ خلف الامام اور سماع کے مسئلہ میں فقہاء احناف سے اختلاف رکھتے تھے ، آپ کے شاگردوں میں شمس الدین اودھی ہیں ، جنھوں نے مشارق الانوار کی شرح لکھی تھی ، فخر الدین دہلوی ہیں ، جن کی تالیف ''کشف القناع عن وجوہ السماع '' کا مخطوطہ اب بھی موجود ہے ، ''تاریخ فیروز شاہی'' کے مصنف فیروز شاہ برنی ، شیخ نصیر الدین چراغ دہلوی اور سید محمد گیسودراز ، جنھوں نے مشارق الانوار کی شرح بھی لکھی اور فارسی میں اس کا ترجمہ بھی کیا، نیز معروف فقیہ قاضی شہاب الدین دولت آبادی بھی آپ کے تلامذہ میں خصوصیت سے قابل ذکر ہیں ۔

شیخ نظام الدین اولیاء سے بھی بڑھ کر جنھیں علم حدیث میں شہرت حاصل ہوئی ، وہ مخدوم الملک شیخ شرف الدین یحییٰ منیری کی شخصیت ہے ، انھوں نے سونار گاؤں میں اپنے استاذ اور خسر ابوتوامہ حنبلی کی نگرانی میں تعلیم حاصل کی ، ان کے مکتوبات اور تصوف سے متعلق تالیفات میں کثرت سے احادیث منقول ہیں اور کہا جاتا ہے کہ پورے ہندوستان میں سب سے پہلے انھوں نے ہی صحیحین کی تعلیم شروع کی ، ان کے شاگردوں میں شیخ مظفر بلخی ، حسین بن معز بہاری اور احمد لنگر دریا علم حدیث کی نشر واشاعت اور تصنیف و تالیف میں امتیازی حیثیت کے حامل ہیں ۔

تیسری شخصیت سید علی ہمدانی کی ہے، جن کے ذریعہ کشمیر میں اسلام کی اشاعت بھی ہوئی اور درس حدیث کا سلسلہ بھی شروع ہوا، انھوں نے ''السبعین فی فضائل امیر المومنین'' (جو اہل بیت کے فضائل میں ہے) اور ''اربعین فی الحدیث''، لکھی، ان کے شاگردوں میں سید جلال الدین اور قاضی حسین شیرازی قابل ذکر ہیں، قاضی شیرازی ہی نے بابا رتن ہندی سے متعلق احادیث جمع کیں، جو صحابی رسول ہونے کا مدعی تھا — چوتھی شخصیت شیخ بہاء الدین زکریا ملتانی کی ہے، ان کے تلامذہ میں ان کے صاحبزادے محدث جمال الدین کے علاوہ سید جلال الدین بخاری خاص طور پر قابل ذکر ہیں، ثانی الذکر بھی قراءۃ فاتحہ خلف الامام اور صلوٰۃ جنازہ علی الغائب کے سلسلے میں شاہ نظام الدین اولیاء کے نقطۂ نظر پر تھے، اس طرح ہندوستان میں اشاعت حدیث کے سلسلے میں صوفیاء کا بڑا اہم حصہ رہا ہے۔

یہ بات بھی قابل ذکر ہے کہ بعض بڑے بڑے محدثین جو عالم عرب میں اپنے عہد میں مرجع کی حیثیت رکھتے تھے، ان کے تلامذہ یا تلامذہ کے تلامذہ خود ہندوستان میں وارد ہوئے یا ہندوستان سے جا کر وہاں کسبِ فیض کر کے واپس آئے، حافظ ابن حجر عسقلانی سے براہ راست استفادہ کرنے والوں میں ہمیں یحییٰ بن عبد الرحمٰن ہاشمی شافعی کا نام ملتا ہے، جن کے علم کا فیض گلبرگہ سے جاری ہوا اور ایک واسطہ سے تلمذ حاصل کرنے والوں میں جنوبی ہند کے مشہور عادل حکمراں محمود گاواں ہیں، جنھوں نے ایک عظیم الشان مدرسہ کی بھی بنیاد رکھی، اسی طرح علامہ عبد الرحمٰن سخاوی کے شاگردوں میں ابوالفتح بن رضی مکی، احمد بن صالح عمر بن محمد دمشقی، عبدالعزیز بن محمود طوسی شافعی، وجیہ الدین محمد مالکی، حسین بن عبداللہ کرمانی اور جمال الدین محمد جو بحرق کے نام سے معروف تھے، نیز رفیع الدین صفوی کا تذکرہ ملتا ہے، جن میں سے زیادہ تر شخصیتیں دکن کی مختلف مسلمان سلطنتوں میں فروکش تھیں، یہ سب براہ راست علامہ سخاوی کے شاگرد تھے — علامہ ابن حجر ھیثمی کے تلامذہ شیخ عبداللہ عیدروسی، ابوالسعادہ محمد فاکہی حنبلی، میر مرتضیٰ شریف شیرازی اور محمد میر کلاں محمد سعید بن مولانا خواجہ ہیں، جو محدث اکبرآبادی کے نام سے معروف تھے، اول الذکر دونوں بزرگوں کا علمی مرکز گجرات میں قائم ہوا اور ثانی الذکر دونوں شخصیتوں کا آگرہ میں، اس طرح مشہور دبستانِ حدیث جو عالم اسلام میں پائے جاتے تھے، ان کا فیض ہندوستان تک پہنچا ہے۔

یہ بات بھی قابل ذکر ہے کہ ہندوستان ایک ایسا ملک ہے، جس کے مختلف خطوں میں درس حدیث کی گونج رہی ہے، سندھ کو تو اس میں اولیت حاصل ہے ہی؛ لیکن دکن، گجرات، دہلی، جونپور، بہار، بنگال، لکھنؤ، لاہور اور مالدہ وغیرہ کو خصوصی اہمیت حاصل رہی ہے اور ہندوستان کی خاک سے متعدد ایسی شخصیتیں اُٹھتی رہی ہیں، جن کے علم کی روشنی نے عالم اسلام کو بھی منور کیا ہے، ان میں شیخ علی متقیؒ کا نام خاص طور پر قابل ذکر ہے، شیخ علی متقی (متوفی: ۹۷۵ھ) نے احادیث پر متعدد کتابیں مرتب کی ہیں، جن میں ''کنز العمال فی سنن الاقوال والافعال'' کو

ایسی عالمگیر شہرت و پذیرائی حاصل ہوئی، جو کم کتابوں کے حصہ میں آئی، اس کے علاوہ انھوں نے فقہی ابواب کی ترتیب پر ''الجامع الصغیر'' اور زیادۃ الجامع الصغیر کا مجموعہ بھی ''منہاج العمال'' کے نام سے مرتب کیا تھا، جواب تک مخطوطہ کی شکل میں ہے، اس دبستانِ درس کی شخصیتوں میں شیخ ابوالحسن سندھی (متوفی: ۱۱۳۸ھ) محشی صحاح ستہ ہیں، جنھوں نے پہلی بار مسند احمد کی شرح لکھی اور جواب تک تشنۂ طبع ہے، ان کے صاحبزادے علامہ محمد حیات سندھی، علامہ ابوطیب سندھی جن کی شرح جامع ترمذی پر ہے، اور ''عقود الجواہر المنیفہ فی اصول ادلۃ مذہب ابی حنیفہ'' کے مصنف علامہ سید مرتضیٰ بلگرامی (متوفی: ۱۲۰۵ھ) اور علامہ محمد عابد سندھی (متوفی: ۱۲۵۷ھ) جنھوں نے مسند امام ابی حنیفہ کی ''المواہب اللطیفہ'' کے نام سے شرح لکھی ہے، نیز بلوغ المرام کی شرح بھی تالیف فرمائی ہے، اسی درسگاہ کے کواکب وانجم ہیں۔

شیخ کے شاگرد علامہ طاہر پٹنی حنفی کو علم حدیث کی خدمت میں جو شہرت حاصل ہوئی، وہ محتاجِ اظہار نہیں، ان کی تالیفات ''المغنی فی ضبط الرجال، تذکرۃ الموضوعات، قانون الموضوعات والضعفاء، مجمع بحار الانوار'' مطبوعہ ہیں اور ''اسماء الرجال'' مخطوطہ کی شکل میں خدا بخش لائبریری پٹنہ میں موجود ہے، ان ہی علماء میں شیخ وجیہ الدین علوی گجراتی ہیں، جنھوں نے مختلف موضوع کی تئیس کتابوں پر شرحیں اور حواشی لکھے ہیں، ہندوستان کے محدثین میں ایک زندہ و پائندہ نام علامہ حسن صنعانی لاہوری (متوفی: ۶۵۰ھ) کا ہے، جنھوں نے علوم اسلامی کی تحصیل کے لئے حجاز اور عراق کے بکثرت اسفار کئے، انھوں نے احادیث موضوعہ پر قلم اُٹھایا، جو رسالۃ الموضوعات کے نام سے چھپ چکا ہے، مشارق الانوار کے نام سے (۲۲۵۳) احادیث کا بخاری و مسلم سے انتخاب کیا، یہ کتاب ایک زمانے تک ہندوستان کے تدریسی اُفق پر چھائی رہی اور اس کو تشریح و ترجمہ کے اعتبار سے بھی اہل علم کی بڑی توجہ حاصل ہوئی، ان کی فہرست تصانیف میں رجال پر ''کتاب الضعفاء والمتروکین'' کے نام سے بھی ایک کتاب کا نام ملتا ہے۔

ہندوستان میں علم حدیث کی تدریس و تالیف کو فروغ دینے والی ایک نہایت اہم شخصیت شیخ عبدالحق محدث دہلوی کی ہے، جنھوں نے ہندوستان میں ''مشکوٰۃ المصابیح'' کے درس کو رواج دیا اور اس کی شرح عربی میں ''لمعات التنقیح'' اور فارسی میں ''اشعۃ اللمعات'' کے نام سے لکھی، آپ کی ایک اہم تالیف ایام ولیالی کے فضائل اور اعمال سے متعلق ''ماثبت بالسنۃ'' کے نام سے مطبوعہ ہے، شاہ عبدالحق صاحب نہ صرف خود حدیث کا درس دیا اور تالیف وتصنیف کے ذریعہ علم حدیث کی خدمت کی؛ بلکہ ایک ایسی درسگاہ کی بنیاد رکھی، جس سے بہت سے اہل علم نے استفادہ کیا اور بڑے بڑے محدثین وہاں سے فارغ التحصیل ہوئے، جن میں خود شیخ کی اولاد و احفاد میں شیخ نورالحق ہیں، جن کی بخاری پر ''تیسیر القاری'' کے نام سے پانچ جلدوں میں ایک جامع شرح چھپ چکی ہے، اور اسی خاندان کے ایک اور بڑے عالم سلام اللہ محدث رام پوری ہیں، مؤطا امام مالک پر عربی زبان میں ان کی شرح ''المحلی

باسرار الموطا'' کے نام سے مخطوطہ کی شکل میں موجود ہے، شیخ عبدالحق کی درسگاہ سے استفادہ کرنے والوں میں بابا داؤد مشکاتی کشمیری بھی ہیں، جن کو پوری مشکوٰۃ حفظ تھی، ان ہی میں میر غلام علی آزاد بلگرامی بھی ہیں، جو مشہور مصنف، مؤرخ اور فارسی کے ادیب تھے، جن کی تالیفات میں ''سبحۃ المرجان فی آثار ہندوستان'' (مطبوعہ ۱۳۰۳ھ) اور ہندوستان سے متعلق احادیث پر ''شمامة العنبر فی ماورد فی الهند عن سید البشر'' کو خاص طور پر شہرت حاصل ہوئی۔

شاہ عبدالحق صاحب کے بعد جس شخصیت نے ہندوستان میں باضابطہ درسگاہ حدیث کی بنیاد رکھی اور حدیث کے فیض کو دور دور تک پہنچایا، وہ شاہ ولی اللہ دہلویؒ ہیں، جنھوں نے حجاز کا سفر کیا اور وہاں سے حدیث کا تحفہ لے کر آئے، اس وقت ہندوستان کی علمی فضا پر معقولات کی گھٹا چھائی ہوئی تھی، انھوں نے ہندوستان واپس آکر مؤطا امام مالک، صحاح ستہ، مسند دارمی اور مشکوٰۃ کا درس شروع کیا، شاہ ولی اللہ صاحب کے شاگردوں میں شاہ عبدالعزیز صاحب، قاضی ثناء اللہ پانی پتی، مولانا محمد عاشق پھلتی، خواجہ امین ولی اللہی، مولانا خیر الدین سواتی اور مولانا بشیر الدین مرادآبادی جیسے نابغۂ روزگار علماء شامل ہیں، جن کے ذریعے پورے ہندوستان میں حدیث کی نشر واشاعت ہوئی اور درس حدیث کی ایک نئی تحریک نے جنم لیا، شاہ عبدالعزیز صاحب سے استفادہ کرنے والوں میں شاہ فضل رحمٰن گنج مرادآبادی اور شاہ محمد اسحٰق جیسے اہل علم ہوئے، دیوبند اور سہارنپور کا سلسلہ حدیث شاہ محمد اسحٰق صاحب اور شاہ عبدالغنی صاحب سے مربوط ہے، اور شاہ عبدالعزیز صاحب ہی کے ایک اور شاگرد میاں سید نذیر حسین محدث دہلوی سے اہل حدیث مکتبہ فکر کا رشتہ جڑا ہوا ہے، اس طرح اس وقت برصغیر میں حدیث کے جو مدارس ہیں، ان سب کا سلسلۂ نسب شاہ عبدالعزیز صاحب سے ملتا ہے۔

شاہ عبدالعزیز صاحب کے بعد ہندوستان کے آسمان علم وتحقیق پر نیر تاباں بن کر طلوع ہونے والی شخصیات میں غالباً سب سے نمایاں نام مولانا عبدالحئ فرنگی محلی لکھنوی کا تھا، وہ علوم اسلامی کی جامعیت، حدیث وفقہ میں یکساں تبحر اور تقلید کے ساتھ ساتھ تحقیق اور فکر ونظر میں عدل واعتدال کا ایسا نمونہ ہیں، جن کو شاہ ولی اللہ صاحب کی فکر کا عکس جمیل قرار دیا جاسکتا ہے، وہ بنے بنائے راستہ پر قناعت کرنے کے بجائے نئے راستے بنانے کی صلاحیت رکھتے تھے اور ابداعی فکر کے مالک تھے، انھوں نے جس موضوع پر قلم اٹھایا، اس کا حق ادا کرنے کی کوشش کی، حدیث کے ردوقبول کے سلسلے میں سند کے علاوہ دوسرے قرائن اور وجوہِ درایت کی اہمیت کو انھوں نے بڑی قوت کے ساتھ اور مدلل طور پر پیش کیا، اس سلسلے میں ''الرفع والتکمیل'' اور ''الاجوبۃ الفاضلۃ'' اُصولِ حدیث کے پورے کتب خانے میں امتیازی حیثیت کی حامل کتابیں ہیں، جو بعد کے اہل علم کے لئے سرمۂ چشم بنیں؛ اسی لئے ممتاز محدث شیخ عبدالفتاح ابوغدہ کی جو توجہ مولانا لکھنوی کی تالیفات کو حاصل ہوئی، شاید ہی کسی اور عالم کے حصہ میں آئی ہو۔

اسی دور میں ہندوستان میں ایک دوسری شخصیت نواب صدیق حسن خاں کی ابھری، جو اس دیار میں مسلک اہل حدیث کے مؤسسین میں ہیں؛ البتہ ان کے یہاں اعتدال اور ائمہ متبوعین کا پورا احترام بھی ہمیں نظر آتا ہے، فقہ الحدیث پر ان کی تالیف ''نزل الابرار'' کے علاوہ ان کی اور بھی متعدد کتابیں ملتی ہیں اور خاص طور پر انھوں نے ہندوستان میں علامہ شوکانی کے علوم وافکار کی اشاعت میں اہم کردار ادا کیا ہے، اس موقعہ پر علامہ شوکانی کے ایک تلمیذ رشید محدث حسین بن محسن انصاری یمانی کا ذکر بھی مناسب ہوگا، جو اپنے عہد کے مشہور اساتذۂ حدیث میں تھے، بڑے بڑے اہل علم خاص کر دار العلوم ندوۃ العلماء کے اکابر نے ان سے استفادہ کیا، مولانا سید ابوالحسن علی ندوی بھی ان سے استفادہ کرنے والوں میں ہیں، ان کی تالیف ''التحفة المرضية فى حل بعض المشكلات الحديثية'' نقدِ حدیث کے موضوع پر بڑی اہم کتاب ہے، جس میں دوسری بحثوں کے بہ شمول حدیث کے رد وقبول میں ''تلقی بالقبول'' کی اہمیت پر بڑی چشم کشا گفتگو کی گئی ہے۔

مدارس حدیث کی جہد مسلسل ہی کا نتیجہ ہے کہ حدیث کے موضوع پر اُردو فارسی کے علاوہ عربی زبان میں بھی ہمیں علماء ہند کی تصنیفات کا ایک بڑا ذخیرہ نظر آتا ہے؛ چنانچہ متونِ حدیث کو جمع کرنے میں شیخ علی متقی ہندی کی ''کنز العمال'' ایسی شہرہ آفاق اور جامع تالیف ہے، جس کی شہرت ذکر وتعارف سے ماوراء ہے، پھر ماضیٔ قریب میں مولانا ظہیر احسن شوق نیموی کی ''آثار السنن'' مولانا ظفر احمد عثمانی کی ''اعلاء السنن'' اور مولانا عبداللہ شاہ محدثِ دکن کی ''زجاجۃ المصابیح''، حنفی نقطۂ نظر سے احکام حدیث کے ایسے جامع اور وقیع مجموعے ہیں، جن کی عالم اسلام کے علماء نے بھی داد دی ہے۔

شروح حدیث میں بخاری پر مولانا احمد علی محدث سہارنپوری اور مولانا محمد قاسم نانوتوی کے حواشی، مولانا رشید احمد گنگوہی کی ''لامع الدراری'' مولانا انور شاہ کشمیری کی ''فیض الباری''، مسلم پر مولانا شبیر احمد عثمانی کی ''فتح الملہم، سنن ابی داؤد پر مولانا شمس الحق عظیم آبادی کی ''عون المعبود'' مولانا خلیل احمد سہارنپوری کی ''بذل المجہود'' اور مولانا سید انور شاہ کشمیری کی ''انوار المحمود'' سنن ترمذی پر مولانا عبدالرحمٰن مبارکپوری کی ''تحفۃ الاحوذی'' مولانا انور شاہ کشمیری کی ''العرف الشذی'' مولانا محمد یوسف بنوریؒ کی ''معارف السنن'' اور مولانا رشید احمد گنگوہی کی ''الکوکب الدری''، سنن نسائی پر مولانا رشید احمد گنگوہی کی ''الفیض السماوی'' اور مؤطا امام مالک پر شاہ ولی اللہ محدث دہلوی کی ''المسویٰ''، نیز مولانا محمد زکریا صاحب کاندھلوی کی مفصل شرح ''اوجز المسالک''، مؤطا امام محمد پر مولانا عبدالحئی فرنگی محلی کی ''التعلیق الممجد''، امام ابو یوسف کی کتاب الآثار پر مولانا ابوالوفاء افغانی کی ''تعلیقات'' امام محمد کی کتاب الآثار پر مفتی مہدی حسن شاہجہاں پوری کی ''قلائد الازہار'' نیز سنن دار قطنی پر مولانا شرف الدین عظیم آبادی کی التعلیق المغنی اور شرح معانی الآثار پر مولانا محمد یوسف کاندھلوی کی امانی الاحبار وغیرہ نہایت اہم تالیفات ہیں۔

اُصولِ حدیث کے موضوع پر مولانا عبدالحیٔ فرنگی محلی لکھنوی کی ''ظفر الامانی علی مختصر الجرجانی'' شاہ عبدالحق صاحب کا ''مقدمہ فی اصولِ الحدیث'' از روئے درایت نقد حدیث کے سلسلے میں مولانا لکھنوی کی ''الرفع والتکمیل'' اور ''الاجوبۃ الفاضلۃ'' کے علاوہ اعلاء السنن پر مولانا ظفر احمد عثمانی کا، فتح الملہم پر مولانا شبیر احمد عثمانی کا، تحفۃ الاحوذی پر مولانا عبدالرحمٰن مبارکپوری کا، اوجز المسالک پر مولانا محمد زکریا کاندھلوی کا اور لامع الدراری پر مولانا محمد عاقل سہارنپوری کا مقدمہ بلند پایہ تحریریں ہیں، اسی طرح محدث یمانی کی التحفۃ المرضیہ اور نواب صدیق حسن خاں صاحب کی بعض تالیفات نہایت اہمیت کی حامل ہیں۔

رجال کے سلسلے میں علامہ پٹنی کی ''المغنی فی ضبط الاسماء'' کے علاوہ شاہ عبدالحق محدث دہلوی کی ''الاکمال فی اسماء الرجال'' اور طحاوی کے رجال پر مولانا محمد ایوب سہارنپوری کی ''تراجم الاحبار'' وغیرہ اہم تالیفات ہیں، اسی طرح تخریج حدیث میں مولانا حبیب اللہ مختار کی ترمذی کی احادیث الباب پر ''کشف النقاب'' ایک مفید ترین کام ہے، جو افسوس کہ مکمل نہیں ہو پایا۔

یہ تو ان تالیفات میں سے کچھ اہم کتابوں کا ذکر ہے، جو عربی زبان میں لکھی گئی ہے؛ لیکن برصغیر میں اُردو زبان میں بھی حدیث کے موضوع پر ایک پورا کتب خانہ وجود میں آ چکا ہے، جس میں متونِ حدیث کے ترجمے بھی ہیں، صحاحِ ستہ اور حدیث کی بعض اور کتابوں کی مختصر، متوسط اور تفصیلی شرحیں (جو زیادہ تر دروس کے مجموعے ہیں) بھی ہیں، اُصولِ حدیث پر بھی مختصر اور مفصل مستقل کتابیں اور عربی کی اہم کتابوں کے ترجمے موجود ہیں، حدیث کے انکار کے فتنے کی بیج یوں تو مستشرقین نے بوئی اور اس کا پہلا اثر مصر کی بعض مغرب زدہ شخصیتوں نے قبول کیا؛ لیکن یہ فتنہ تقریباً اسی دور میں ہندوستان میں بھی پہنچ گیا اور یہاں بعض معروف شخصیتیں اس گمراہی کا شکار ہوئیں، اس پس منظر میں حدیث کی حجیت، عہد نبوی اور عہد صحابہ میں حدیث کی کتابت اور حدیث کے استناد و اعتبار پر علماء نے پوری تحقیق، بصیرت، دینی حمیت اور سلف صالحین کے نقطۂ نظر پر استقامت کے ساتھ نہ صرف قلم اٹھایا؛ بلکہ اس پر پورا کتب خانہ تیار کر دیا اور شاید یہ کہنا مبالغہ نہ ہو کہ اس جہت سے علماء ہند کی خدمات عالم عرب سے بھی زیادہ وقیع ہیں، اس سلسلے میں علامہ سید سلیمان ندوی، مولانا سید مناظر احسن گیلانی، مولانا حبیب الرحمٰن اعظمی، مولانا بدر عالم میرٹھی اور مولانا سید ابوالاعلیٰ مودودی وغیرہ کی خدمات خاص طور پر قابل ذکر ہیں۔

روایات کی سند و متن اور نقد و درایت کی جہتوں سے تنقیح و تحقیق کے سلسلے میں علامہ شبلی نعمانی اور ان کے تلمیذ سعید علامہ سید سلیمان ندوی کی کوششیں ایک حد تک اس وقت تک کی ان تالیفاتِ سیرت پر بھی بھاری ہیں، جو عربی زبان میں لکھی گئی ہیں۔

حدیث کی متعدد اہم تالیفات وہ ہیں، جن پر تحقیق و تعلیق کی خدمت علماء ہند نے انجام دی ہے، اس سلسلے

میں ''مسند امام اعظم'' امام ابو یوسف اور امام محمد کی ''کتاب الآ ثار، مصنف عبدالرزاق، مسند ابو یعلی اور سنن سعید بن منصور'' پر علماء ہند کی علمی کاوشیں بڑی اہمیت کی حامل ہیں اور ہندوستان میں مولانا ابوالوفاء افغانی اور مولانا حبیب الرحمٰن اعظمی کی خدمات اس سلسلہ میں ناقابل فراموش ہیں، نیز عصر حاضر میں ڈاکٹر مصطفیٰ اعظمی اور مولانا ابواللیث خیر آبادی وغیرہ خدمت حدیث کے سلسلہ میں عالمی سطح پر معروف ہیں اور ان کی تصنیفات کو عالم عرب میں بھی مقبولیت حاصل ہوئی ہے۔

ان خدمات کے مختصر اور سرسری ذکر کا مقصد تفاخر اور محض تاریخ کے صفحات کو الٹانا نہیں ہے؛ بلکہ مقصد یہ ہے کہ نئی نسل کے سامنے اپنے بزرگوں کا کارنامہ رہے؛ کیوں کہ قومیں ماضی کے آئینہ میں اپنے مستقبل کو سنوارتی ہیں اور بزرگوں کے نقش قدم پر آئندہ کا سفر طے کرتی ہیں، پس اللہ تعالیٰ خادمین دین کے اس قافلہ کو بہتر سے بہتر اجر عطا فرمائے اور ہمیں اپنے دین اور علم دین کی خدمت کی توفیق عطا فرمائے۔

حضرات! اس وقت ہم جس خطہ میں آپ کا استقبال کر رہے ہیں یعنی سرزمین دکن، یہ علم حدیث کے اہم مراکز میں رہا ہے، برہان پور، گلبرگہ، بیجاپور، بیدر اور احمد نگر وغیرہ میں سنی مسلم حکومتوں نے محدثین کی بڑی پذیرائی کی، اور انھیں تدریس وتصنیف کے ذریعہ اس علم کی آبیاری کرنے کا پورا پورا موقع فراہم کیا ہے، جن میں سے بعض کا ذکر اوپر ہو چکا ہے، ماضی قریب میں بھی دکن خاص کر حیدرآباد کا حدیث کی نشر واشاعت میں بڑا حصہ رہا ہے، یہیں دائرۃ المعارف العثمانیہ سے پہلی بار ''کنز العمال، سنن بیہقی، کتاب الانساب للسمعانی، کتاب الثقات لابن حبان، مشکل الآ ثار للطحاوی'' وغیرہ جیسی عظیم کتابیں طبع ہوئیں، اور اہل علم کو ان سے استفادہ کا موقع ملا، اسی طرح مولانا ابوالوفاء افغانی کے قائم کردہ ادارہ ''لجنۃ احیاء المعارف النعمانیہ'' کی خدمات بھی ناقابل فراموش ہیں، جس سے امام ابو یوسف اور امام محمد کی ''کتاب الآ ثار'' وغیرہ شائع ہوئیں، صحاح ستہ (سوائے سنن ترمذی) کے مترجم اور مفردات حدیث پر عربی اُردو لغت کے مؤلف نواب وحید الزماں حیدرآبادی کا قیام اسی شہر میں تھا اور وہ یہیں کی آغوش میں پروان چڑھے، مولانا شبیر احمد عثمانی کی فتح الملہم کی تالیف میں سابق حکومت حیدرآباد ہی نے مالی تعاون کا تحفہ پیش کیا اور بحمد اللہ اس وقت بھی اس دیار میں تدریس وتالیف اور تحقیق وتعلیق کی صورت میں علم حدیث کی خدمت جاری ہے اور متعدد ایسی درسگاہیں ہیں، جہاں صحاحِ ستہ کا درس ہوتا ہے اور لڑکیوں کے لئے تو دورۂ حدیث تک تعلیم کی درسگاہیں ایک درجن سے زیادہ ہیں۔

حضرات! المعہد العالی الاسلامی حیدرآباد جہاں اس وقت آپ تشریف فرما ہیں، ایک نو قائم شدہ ادارہ ہے، جس کے قیام پر صرف دس سال پورے ہوئے ہیں، اس کا بنیادی مقصد مختلف اسلامی علوم اور دینی خدمتوں میں بہتر اور باصلاحیت افراد کی تیاری، نیز علماء کو انگریزی زبان اور عصر حاضر کے علوم سے اس حد تک آشنا کرنا کہ وہ زیادہ

بہتر طور پر اسلام کی ترجمانی اور تشریح کرسکیں ،تفسیر وحدیث ، فقہ اور عصر حاضر میں اسلام کے بارے میں پیدا کی جانے والی غلط فہمیوں کے موضوعات پر تحقیق ، غیر مسلم بھائیوں میں دعوتِ اسلام کی کوشش اور دعوت کی عملی جدوجہد اس کے مقاصد میں شامل ہیں، اور یہ ادارہ بتدریج اپنی منزل کی طرف بڑھ رہا ہے۔

اس کا ایک اہم شعبہ حدیث کا بھی ہے ، یہاں فقہ حنفی کی معروف کتاب ''بدائع الصنائع'' کی احادیث کی تخریج کا کام پانچ جلدوں میں ہوا ہے ، ایک اہم مخطوطہ ''الادلۃ الشریفۃ علی مذھب ابی حنیفۃ''، علامہ سیوطی کی ''**العرف الوردی فی احادیث المھدی** '' اور شاہ ولی اللہ دہلوی کی ''حجۃ اللہ البالغۃ'' کی تخریج بھی عمل میں آئی ہے، ایک فاضل نے اُردو زبان میں حدیث کے سرمایہ کا تفصیلی جائزہ لیا ہے، اور سن دو ہزار تک کی کتابوں کا تعارف پیش کیا ہے، جن احادیث پر عقلی جہت سے اہل مغرب اعتراض کرتے ہیں ، ان پر بھی کام کرایا گیا ہے، موضوع روایات پر اُردو زبان میں ایک تفصیلی مقالہ مرتب ہوا ہے، جس میں وضع حدیث کی تاریخ، علامات ،موضوع روایات سے متعلق کتابیں اور زبان زد موضوع روایات کا ذکر کیا گیا ہے اور اُردو زبان میں اس موضوع پر یہ پہلی تفصیلی کتاب ہے، اسی طرح ایک فاضل نے حدیث کی جمع وتدوین کے سلسلے میں مستشرقین اور مستغربین کے اعتراضات کا تفصیلی جائزہ لیا ہے، ایک اور فاضل نے ان مرویات کو جمع کیا ہے، جن میں عہد نبوی اور عہد صحابہ میں کتابت حدیث کا ذکر ہے ، یہ مکررات کو حذف کرنے کے بعد حدیثیں ہیں ، جو غالباً اس موضوع پر اب تک جمع کی گئی روایتوں میں سب سے زیادہ ہے، ایک فاضل نے ''علماء دیو بند کی خدمات حدیث'' اور ایک اور فاضل نے احناف کی کتب حدیث پر کام کیا ہے، اس وقت طحاوی کی ''**شرح معانی الآثار** '' پر احادیث کی تخریج اور رجال کی تحقیق کا کام بھی ہو رہا ہے اور علامہ ابن رشد قرطبی مالکی کی ''مختصر شرح معانی الآثار'' پر بھی — جو ابھی مخطوطہ کی شکل میں ہے — کوشش کی جارہی ہے کہ حدیث کی اس اہم کتاب کی شایانِ شان خدمت کی جائے۔ **وباللہ التوفیق وھو المستعان** .

معہد میں مختلف موضوعات پر محاضرات و سیمینار اور ورکشاپ کا اہتمام ہوتا رہتا ہے، اس سال بھی تربیت قضاء ، اسلامی فینانس ، طریقۂ تعلیم ، فلکیات ، طب سے متعلق وہ مباحث جن سے احکام شرعیہ متعلق ہیں ، وغیرہ پر ورکشاپ منعقد ہوئے ہیں ، اتفاق سے حدیث کے موضوع پر کم پروگرام رکھے جاسکے ہیں ، اس لئے اس وقت اُصولِ حدیث اور تخریج حدیث پر اس ورکشاپ کا انعقاد بڑی مسرت اور اس سے بڑھ کر سعادت کی بات ہے، جو علم وادب کی اس بستی کو حاصل ہو رہی ہے ، ہم سب کے شکریہ و امتنان کے مستحق ہیں ، ڈاکٹر محی الدین محمد عوامہ حفظہ اللہ، جو خود بڑے فاضل ہیں اور ان کے والد ماجد محدث العصر شیخ محمد محمد عوامہ حفظہ اللہ (تلمیذ رشید فقیہ ومحدث شیخ عبدالفتاح ابوغدہ نور اللہ مرقدہ) ہیں ، جن کی محدثانہ کاوشیں محتاج اظہار نہیں اور شیخ عبدالفتاح تو علماء ہند کے لئے ہمیشہ آنکھوں کا نور اور دل کا سرور رہے ہیں ، وہ خود اپنے عہد کے محدث کبیر علامہ زاہد الکوثری کے شاگرد تھے، اس

طرح یہ علمی زنجیر سلسلۃ الذہب کی حیثیت رکھتی ہے، ہمارے مہمان معزز اسی زنجیر کی ایک کڑی ہیں اور انھیں براہ راست یا بالواسطہ ان بزرگوں سے استفادہ کا موقع ملا ہے، وہ ایمان و روحانیت اور علم و ادب کی سرزمین شام کے رہنے والے ہیں اور اس وقت حرم مدنی میں قیام پذیر ہیں اور ہماری حقیر دعوت پر یہاں تشریف لائے ہیں، دُعاء ہے کہ اللہ ان کے علم و عمل اور صحت و حیات میں خوب خوب برکت عطا فرمائے اور انھیں اپنے والد محترم کا مکمل جانشین بنائے۔

حضرات! ہم اس اہم موقع پر آپ حضرات کے بھی شکر گذار ہیں کہ تدریسی اعتبار سے ایسے اہم اور نازک وقت میں آپ نے ہماری حقیر دعوت پر لبیک کہا اور یہاں تشریف لائے اور ہم اُمید رکھتے ہیں کہ انشاء اللہ یہ ورکشاپ اپنے مقصد میں کامیاب اور ثمر آور ہوگا اور ہمارے نوجوان فضلاء اور اساتذہ میں علم و تحقیق کا نیا حوصلہ پیدا کرنے کا باعث بنے گا، دُعاء ہے کہ اللہ تعالیٰ ہم سب کو اپنی مرضیات پر قائم رکھے اور اپنی منہیات سے بچائے۔

ربنا تقبل منا إنک أنت السمیع العلیم .

○ ○ ○

تحقیق مخطوطات کی اہمیت ☆

الحمد لله رب العالمين والصلاة والسلام على خاتم النبيين وأفضل الأنبياء والمرسلين و على آله وأصحابه أجمعين ، أما بعد .

علماء کرام اور طلبۂ عزیز! اللہ کا شکر ہے کہ ہم سب ایک ایسے نبی کی اُمت ہیں، جن کی نبوت کا سایہ قیامت تک قائم رہے گا ، جس کی لائی ہوئی شریعت ایک زندہ شریعت ہے ، جو آخری درجہ فطرتِ انسانی سے ہم آہنگ اور زندگی کی ضرورتوں اور مصلحتوں کو پوری کرنے والی ہے، جو شریعت انسانی زندگی سے متعلق ہو اور جو دین قیامت تک بے آمیز طریقہ پر باقی رہنے کے لئے ہو، ضروری ہے کہ اس سے متعلق علوم وفنون بھی زندہ و پائندہ رہیں، وہ کہنگی نا آشنا ہوں اوران کی تازگی ہمیشہ برقرار رہے؛ اسی لئے ہم دیکھتے ہیں کہ دنیا کے دوسرے مذاہب اور ان کی مذہبی کتابوں سے متعلق علم وتحقیق کا سلسلہ یا تو مسدود ہو چکا ہے یا محدود؛ لیکن اسلام وہ دین برحق اور قرآن مجید وہ ازلی کتابِ ہدایت ہے، جس میں کسی وقفہ کے بغیر علم وتحقیق کا سلسلہ جاری وساری ہے اور گذشتہ تقریباً ڈیڑھ ہزار سال کی بہترین ذہانتیں ان علوم وفنون کی آبیاری میں خرچ ہوتی رہی ہیں، —— اور کیوں نہ ہوں کہ اسلام نے علم کو جو اہمیت دی ہے، مذاہب عالم میں اس کی کوئی مثال نہیں ملتی ، رسول اللہ ﷺ نے ارشاد فرمایا کہ علم میں زیادتی عبادت میں زیادتی سے بہتر ہے''فضل العلم خير من فضل العبادة ''(۱) رسول اللہ ﷺ کے سامنے جب دو ایسے اشخاص کا ذکر کیا گیا ، جن میں ایک کا امتیاز عبادت میں تھا اور دوسرے کا علم میں ،تو آپ ﷺ نے فرمایا: عالم کی فضیلت عابد پر ایسی ہی ہے جیسے میری فضیلت تم میں سے کسی معمولی شخص پر،''**فضل العالم على العابد كفضلى على آدناه**''(۲) آپ ﷺ نے یہ بھی ارشاد فرمایا کہ اللہ تعالیٰ کسی شخص کے ساتھ خیر کا معاملہ فرماتے ہیں تو اس کو تفقہ

☆ کلیدی خطبہ بہ موقع:''دورہ تدریبیہ لمنهج البحث والتحقيق ''بمقام: المعہد العالی الاسلامی حیدرآباد۔

(۱) طبرانی عن حذیفہ بن یمان ، بحوالہ مجمع الزوائد، حدیث نمبر: ۴۷۸۔

(۲) ترمذی عن أبی امامہ، حدیث نمبر: ۲۶۵۰۔

یعنی علمی گہرائی عطا فرماتے ہیں: ''من یرد الله به خیرا یفقه فی الدین ''(۱) یہ اور اس طرح کے کتنے ہی ارشادات نبوی ہیں، جن میں علم کو بمقابلہ دوسرے اعمال کے ترجیح دی گئی ہے، یہاں تک کہ حضرت علی ﷛ کا قول مروی ہے کہ اس عبادت میں خیر نہیں، جس کے ساتھ علم نہ ہو اور وہ علم مفید نہیں جس کے ساتھ فہم نہ ہو، ''لا خیر من عبادة لا علم فیها و لا خیر في علم لافهم فیه''۔(۲)

یہ اسلام کا فیض ہے کہ اس نے انسانیت کو لوح و قلم کی اہمیت سے آشنا کیا، پیغمبر اسلام ﷺ پر جو پہلی وحی نازل ہوئی، خود اس میں قلم کا ذکر موجود ہے، قرآن نے قلم کی قسم کھائی ہے، '' ن وَالْقَلَمِ وَمَا يَسْطُرُوْنَ ''(القلم:۱) عربوں کا حال یہ تھا کہ انھیں اپنے اُمی ہونے پر فخر تھا، اہل سیر کا بیان ہے کہ جب رسول اللہ ﷺ پیدا ہوئے تو مکہ میں صرف تیرہ لوگ لکھنا جانتے تھے اور جب آپ ﷺ مدینہ تشریف لائے تو انصار میں صرف گیارہ لوگوں کو لکھنا آتا تھا اور عورتوں کے کاتب ہونے کو تو بہت ہی برا سمجھا جاتا تھا؛ لیکن یہ آپ ﷺ کا فیض ہے کہ صرف آپ کے کاتبانِ وحی کی تعداد چالیس سے زیادہ ہے، آپ نے خواتین کے لئے لکھنے کی حوصلہ افزائی فرمائی اور خود اُم المومنین حضرت حفصہ رضی اللہ عنہا کو کتابت سکھوائی، اس لئے تحریر و تالیف اور بحث و تحقیق اس اُمت کو میراث میں ملی ہے، مسلمانوں نے کتابت کے وسائل پر بھی توجہ دی ہے، عرب عام طور پر اونٹ کی ہڈیوں، کھجور کی چھالوں اور بعض نرم سفید پتھروں پر لکھا کرتے تھے، اسلام کے آنے کے بعد بتدریج اسے ترقی حاصل ہوئی، یہاں تک کہ عالم اسلام میں عباسیوں کے دور ہی سے کاغذ کا استعمال عام ہوگیا، اس وقت پریس کا وجود نہیں تھا؛ اس لئے '' وراقی '' کا پیشہ شروع ہوا، ''نقل نویس'' ''وراق'' کہلاتے تھے اور انھیں معاشرہ میں بڑا مقام حاصل تھا، بڑے بڑے شہروں میں ان کے باضابطہ بازار ہوا کرتے تھے، علامہ مقریزی نے اپنی کتاب ''خطط'' میں تفصیل سے وراقین کا اور ان کے تحریری کمالات کا ذکر کیا ہے، یہاں تک کہ اسماء رجال کی کتابوں میں بعض دفعہ شخصیتوں کے تذکرہ میں حسن خط کا بھی ذکر کیا جاتا ہے، یہ سب کچھ نبی عربی اُمی ﷺ کا اعجاز تھا کہ جو قوم لکھنے پڑھنے سے بالکل ہی نابلد تھی، اس نے علمی کمالات اور بحث و تحقیق کے میدان میں امامت کا درجہ حاصل کرلیا، اب ضرورت ہے کہ پھر اسی جامِ کہن کا دور چلے، علم و تحقیق کی مجلسیں آراستہ ہوں اور موجودہ عہد کی ضرورت کے مطابق علماءِ اسلام دین و علم دین کی خدمت کا فریضہ انجام دیں۔

شاید یہ اللہ تعالیٰ کی طرف سے غیبی نظام تھا کہ خلافت راشدہ کے عہد زریں تک تو سیاسی اور دینی قیادت کا مرکز ایک ہی رہا؛ لیکن جیسے جیسے سیاسی اقتدار کے ایوانوں پر خدا ناترس لوگ مسلط ہوتے گئے اور اللہ کے دین کو نافذ کرنے کے لئے نہیں؛ بلکہ اپنی عیش کوشی کے لئے لوگ اس میدان میں طالع آزمائی کرنے لگے، اقتدار کے دو الگ الگ مرکز قائم ہوگئے، ایک مرکز سیاسی قیادت کا تھا، دوسرا مرکز دینی رہنمائی کا تھا، پہلے مرکز سے ملک و مال کے

---

(۱) سنن ترمذی: ۲۶۴۵۔ (۲) سنن دارمی، حدیث نمبر: ۲۹۸۔

فاتحین پیدا ہوئے اور دوسرے مرکز سے مفسرین ومحدثین، فقہاء وصوفیاء اور دین کے مخلص شارحین ومبلغین وجود میں آئے، اگر چہ اس تقسیم سے بعض نقصانات بھی ہوئے، مگر اس کے ساتھ ساتھ اس کے دو بڑے فائدے بھی ہوئے، ایک یہ کہ اسلام کا پیغام ہر طرح کی آمیزش سے محفوظ رہا، حکومت کا جبر واستبداد بھی اس پر اثر انداز نہ ہوسکا، یہاں تک کہ صورتحال یہ تھا کہ اگر کوئی محدث شاہی دربار میں آمد ورفت رکھتا اور سرکاری عہدہ قبول کرتا تو محدثین اس کی روایت لینے سے گریز کرتے اور اگر کوئی فقیہ ایوان حکومت سے تعلق رکھتا اور کسی سرکاری منصب پر بٹھایا جاتا تو لوگ اس کے فتویٰ کو نا معتبر مانتے، یہاں تک کہ امام ابو یوسفؒ جیسی شخصیت جنھوں نے عہدۂ قضاء کو عباسی خلفاء کی بتدریج اصلاح کے لئے استعمال فرمایا، کتاب الخراج جیسی کتاب لکھی اور اس کے مقدمہ میں نہایت دردمندی کے ساتھ حکمرانوں کو دین وشریعت کی طرف متوجہ فرمایا، ان سے بھی امام ابوحنیفہؒ کے بعض تلامذہ نے کنارہ کشی اختیار کرلی، اس کی اہمیت کا اندازہ عیسائیت یا ہندومت کی تاریخ سے لگایا جاسکتا ہے، محض رومی حکمرانوں کو ان کے سابق مذہب سے مانوس رکھتے ہوئے عیسائیت کو قابل قبول بنانے کی غرض سے تثلیث کا عقیدہ گھڑا گیا؛ کیوں کہ رومیوں کے مذہب میں تثلیث کا تصور پہلے سے موجود تھا، اسی طرح ہندو مذہب میں برہمنوں نے اپنے اقتدار کو قائم رکھنے اور برسر اقتدار گروہ پر اپنا تسلط برقرار رکھنے کے لئے ویدوں کی حقیقی تعلیمات کو کنارے کر دیا اور بت پرستی، انسانیت کے درمیان تفریق اور آواگون کا پورا فلسفہ وضع کرلیا، جسے منوجی کی تعلیمات کہا جاتا ہے، اسلام میں بھی حالاں کہ اس کی حقیقی تعلیمات کو مسخ کرنے کی ناپاک کوششیں بھی ہوئیں؛ لیکن اس میں کبھی کامیابی نہیں مل سکی؛ کیوں کہ اللہ تعالیٰ کو یہ بات منظور تھی کہ یہ دین ہمیشہ اپنی اصلی شکل پر باقی رہے اور بظاہر اس کا سبب یہی ہوا کہ علماء اسلام نے اپنے آپ کو سیاسی طالع آزمائی سے دور رکھا اور حکومتوں سے قربت حاصل کرنے کی کوشش نہیں کی۔

اس کا دوسرا فائدہ یہ ہوا کہ سیاسی طوفان آتے اور جاتے رہے، اقتدار کے لئے کشت وخون کا بازار گرم ہوتا رہا؛ لیکن ان آندھیوں نے علم کے چراغ کو بجھنے بلکہ مدھم تک ہونے نہیں دیا؛ اسی لئے ہم دیکھتے ہیں کہ جو زمانہ شدید سیاسی اُتار چڑھاؤ کا رہا ہے، عین اس زمانہ میں بھی اہل علم نے گوشۂ تنہائی میں بیٹھ کر بڑے بڑے علمی کارنامے انجام دیئے ہیں اور ایسی کتابیں تالیف کی ہیں، جن کی مثال پیش نہیں کی جاسکتی؛ بلکہ ایسا بھی ہوا کہ جب عالم اسلام کا چپہ چپہ تاتاریوں کے قدموں کی دھمک سے لرز اُٹھا تو اہل علم نے دوسرے علاقوں میں ہجرت کی اور وہ وہاں پہنچ کر گیسوئے علم کی آراستگی کا فریضہ انجام دیتے رہے۔

سلف صالحین علم وتحقیق کے کام کو ایک عبادت سمجھ کر انجام دیتے تھے، علامہ ابن جوزیؒ جو کثیر التصنیف علماء میں تھے، انھوں نے ڈھائی سو کتابیں تصنیف کی ہیں اور خود فرمایا کہ میری ان انگلیوں نے دو ہزار جلدیں لکھی ہیں، انھوں نے حدیث شریف کی جو کتابیں لکھیں، ان کے قلموں کے تراشے جمع کرتے گئے اور وصیت کی کہ انھیں

تراشوں سے میرے غسل کا پانی گرم کیا جائے؛ چنانچہ ان کی وصیت پر عمل کیا گیا، امام ابوجعفر طبری کی وفات کے بعد ان کی تصنیفات کو شمار کیا گیا تو ابتدائے جوانی سے یوم وفات تک چودہ ورق روزانہ کا اوسط پڑا۔

ابن شہاب زہریؒ کے علمی اشتغال کا حال یہ تھا کہ ان کی بیوی ان کی کتابوں کے بارے میں کہتی تھیں کہ یہ مجھ پر تین سوکنوں سے بڑھ کر ہیں ''واللہ لھذہ الکتب أشد علیّ من ثلاث ضرائر '' وہ کھانے کے وقت بھی اپنے مسودہ کا مطالعہ کرتے رہتے اوران کی بہن ان کے منھ میں لقمہ ڈالتی جاتی تھیں، امام رازی کو اس بات کا افسوس ہوتا کہ ان کے کھانے کا وقت ضائع ہوجاتا ہے؛ کیوں کہ وہ وقت علمی اشتغال سے خالی رہتا ہے، پھر جو کچھ لکھا اور پڑھا جاتا، اس کے پیچھے گہری تحقیق اور غیر معمولی محنت کارفرما ہوتی تھی۔

ابوعبیدہ بن سلام سے مروی ہے کہ انھوں نے اپنی کتاب ''غریب الحدیث'' کی تصنیف میں چالیس سال صرف کئے، — شیخ عبدالفتاح ابوغدہ اور خود اُردو میں بھی مولانا محمد حبیب الرحمٰن شیروانی نے اپنی کتاب ''علماء سلف'' میں تذکرہ و رجال کی بہت سی اہم کتابوں سے علماء کے علمی اشتغال کے کتنے ہی اہم واقعات نقل کئے ہیں، جو طلبۂ عزیز کے پڑھنے کے لائق ہیں، یہ سب کچھ اس لئے تھا کہ ان کے نزدیک علم و تحقیق کو عبادت کا درجہ حاصل تھا اور وہ اس کام کو اللہ کی رضاء و خوشنودی کے لئے کیا کرتے تھے۔

افسوس کہ اہل علم کا بہت سارا علمی ذخیرہ آج دستیاب نہیں ہے، بعض کم فہم لوگوں کا حال تو یہ ہے کہ اگر کسی عالم کی کسی تالیف کا کتابوں میں تذکرہ ملتا ہے؛ لیکن اب وہ دستیاب نہیں ہے تو لوگ ان تصنیفات کو ماننے سے انکار کرجاتے ہیں اور مسلکی تعصب کی بنا پر اس کو جھوٹ قرار دیتے ہیں؛ حالاں کہ ایسا نہیں ہے، حقیقت یہ ہے کہ ہمارے بزرگوں نے جس دور میں علم و فن کے چراغ جلائے، وہ دور پریس کی سہولتوں کا نہیں تھا، علمی کاموں کے لئے دماغ کے ساتھ ساتھ آنکھوں کا چراغ بھی جلانا پڑتا تھا اور الفاظ و نقوش کے لعل و گہر مشینوں کے ذریعہ نہیں؛ بلکہ اپنے ہاتھوں سے پروئے جاتے تھے، اس لئے بڑی مشقت سے کتاب کی تالیف پایۂ تکمیل کو پہنچتی تھی اور کبھی کبھی اتنی ہی دشواری کے ساتھ اس کے قلمی نسخے تیار کئے جاتے تھے، پھر ان کی حفاظت کے لئے معقول انتظام بھی نہیں تھا، زیادہ تر انفرادی طور پر لوگ ان علمی جواہر کو محفوظ کرنے کی کوشش کرتے تھے، اس لئے بہت سارے مخطوطات ضائع ہوگئے۔

خاص کر جب تاتاریوں نے بغداد کا عظیم الشان مکتبہ جلا کر خاکستر کردیا تو علم و فن کے کتنے ہی جواہر پارے ہمیشہ کے لئے نیست و نابود ہوگئے، کہا جاتا ہے کہ ان کتابوں کی راکھ سے دریائے دجلہ پر پل بنایا گیا، اِس سے اس خزانۂ علمی کی کثرت کا اندازہ لگایا جاسکتا ہے، عجیب بات ہے کہ تاتاری قوم غیر مہذب اور وحشی تھی؛ لیکن موجودہ دور میں جو لوگ اپنے آپ کو تہذیب و شائستگی کا نمائندہ سمجھتے ہیں، انھوں نے بھی علمی خزانہ کی تباہ کاری میں کچھ کم ''بہادری'' کا مظاہرہ نہیں کیا، کویت اور عراق کی جنگ میں جامع امام ابوحنیفہؒ بغداد سے منسلک مخطوطات کی ایک بڑی لائبریری

کو عصر حاضر کے تاتاری یعنی امریکہ نے قصداً بمباری کر کے راکھ کا ڈھیر بنا دیا، اسی طرح کتنے ہی مخطوطات ہیں، جن کو مغرب کی استعماری طاقتیں مشرقی اور اسلامی ملکوں سے لوٹ کر لے گئیں، ان میں سے بعضوں نے یقیناً بہتر طور پر ان کی حفاظت کا انتظام بھی کیا؛ لیکن بہت سے مخطوطات ضائع بھی کر دیئے گئے، اس لئے یہ سمجھنا کم فہمی ہوگی کہ جن تالیفات کا کتابوں میں ذکر آیا ہے، اگر وہ آج دستیاب نہ ہوں تو گذشتہ مؤلفین کے بیان کو خلاف واقعہ سمجھا جائے گا۔

اللہ تعالیٰ کا شکر واحسان ہے کہ اس وقت بھی دنیا کے مختلف خطوں میں اسلامی مخطوطات کی ایک بڑی تعداد موجود ہے، ترکی — بہ قول ڈاکٹر حمید اللہ صاحبؒ — ان مخطوطات کا دارالخلافہ ہے اور عالم اسلام کے خاص خاص ملکوں میں ان کی بڑی تعداد موجود ہے؛ لیکن برصغیر کا مقام بھی اس معاملہ میں کم نہیں ہے، سندھ کا علاقہ تو اس کے لئے معروف رہا ہی ہے؛ لیکن موجودہ ہندوستان میں بھی مخطوطات کا ایک بڑا ذخیرہ موجود ہے، خدا بخش لائبریری پٹنہ، شعبۂ مخطوطات مشرقی حیدرآباد، رضاء لائبریری رامپور، نیشنل لائبریری کلکتہ، ٹونک، بھوپال، ڈاکٹر حمید اللہ صاحبؒ کی خاندانی لائبریری اور نہ جانے کتنے انفرادی مکتبے اور دینی درسگاہوں اور علمی اکیڈمیوں کی لائبریریاں ہے، جوان خزانوں سے معمور ہیں، اگرچہ کہ '' مکتبہ الجمعہ الماجد، عرب امارات'' اور ایرانی سفارت خانہ کے ذریعہ اس کی فہرست سازی اور مخطوطات کی اسکیا ننگ کا نہایت قابل قدر کام انجام پا رہا ہے؛ لیکن اس کے باوجود آج بھی بہت سے مخطوطات ان دفینوں کی نذر ہیں، جہاں تک اہل علم کی رسائی نہیں ہو پائی ہے ، ہندوستان کو یہ اعزاز حاصل ہے کہ سب سے پہلے حضرت مولانا احمد علی محدث سہارنپوری کی تصحیح و تحقیق کے ساتھ یہاں سے صحیحین کی طباعت عمل میں آئی، جو آج بھی صحیح ترین نسخہ تصور کیا جاتا ہے — اللہ تعالیٰ جزائے خیر دے فضیلت جنگ حضرت مولانا شاہ انوار اللہ فاروقیؒ کو، جیسے انھوں نے اسلامی علوم کی تدریس کے لئے '' جامعہ نظامیہ '' کی بنیاد رکھی، اسی طرح اسلامی علوم کے ان مستور خزانوں کو اہل علم تک پہنچانے کے لئے مستقل ایک ادارہ '' دائرۃ المعارف العثمانیہ'' (سابق نام: دائرۃ المعارف النظامیہ) کی بنیاد رکھی، جس کے ذریعہ مختلف اسلامی علوم وفنون کے بہت سارے مخطوطات منظر عام پر آئے، جن میں علامہ سمعانیؒ کی 'کتاب الانساب' حافظ ذہبیؒ کی 'تذکرۃ الحفاظ' شیخ علی متقی الہندیؒ کی 'کنز العمال' امام طحاویؒ کی 'مشکل الآثار' امام محمد بن حسن شیبانیؒ کی 'کتاب الآثار' حدیث کی معروف کتاب 'سنن بیہقی' مفردات حدیث میں 'غریب الحدیث' رجال میں 'کتاب المجروحین' ربط آیات پر منفرد تفسیر 'نظم الدرر' اور نہ جانے کتنے ہی علمی شہ پارے شامل ہیں اور اس یہاں سے طرح ایک عظیم تاریخی کارنامہ انجام پایا۔

بحمد اللہ ادھر مخطوطات کی تحقیق پر لوگوں کی توجہ بڑھی ہے، خاص کر عالم عرب کی جامعات میں دکتورہ کے طلبہ اس موضوع پر بڑی اہم خدمت انجام دے رہے ہیں؛ لیکن خاص کر فقہ حنفی کے مخطوطات پر ابھی بھی توجہ کی ضرورت

ہے، فقہ مالکی کی کتابوں کو مغرب کی حکومت نے شائع کرنے کا اہتمام کیا ہے، فقہ حنبلی کی کتابیں سب سے کم دستیاب تھیں، ان پر موجودہ سعودی حکومت نے توجہ دی، نیز سعودی حکومت نے تفسیر و حدیث کے مخطوطات کو بھی طبع کرنے کا اہتمام کیا، شافعی دبستانِ فقہ میں چوں کہ بڑے بلند پایہ علماء و محدثین پیدا ہوتے رہے ہیں، اس لئے انھوں نے اپنے مذہب کی کتابوں کی خود ہی خدمت کر کے ان کو مستغنی کر دیا ہے۔

لیکن فقہ حنفی کے ساتھ یہ سانحہ ہوا کہ جن ملکوں میں احناف کی اکثریت ہے، وہاں کی حکومتوں کو دین و مذہب سے کم تعلق ہے؛ چنانچہ آج تک امام محمد کی ''کتاب الاصل'' کی بھی پوری جلدیں نہیں آسکیں، حاکم شہید کی ''الکافی'' کے لئے اب تک نگاہیں ترستی ہیں، محیط برہانی اور تاتارخانیہ جیسی اہم کتابیں ابھی کچھ عرصہ پہلے منظر عام پر آئی ہیں، نیز امام صاحب، ان کے تلامذہ، مشائخ مذہب اور محدثین احناف کی کتنی ہی تالیفات ہیں، جن کے نام ہم کتابوں میں پڑھتے ہیں، مگر وہ اہل علم کا سرمہ چشم نہیں بن سکیں، اللہ جزائے خیر دے حضرت مولانا ابوالوفاء افغانیؒ کو، کہ انھوں نے ''احیاء المعارف النعمانیہ'' قائم کر کے فقہ حنفی کی بعض بنیادی کتابوں کو اہل علم کی بارگاہ تک پہنچایا، اس سے پہلے غالباً لوگ امام ابویوسفؒ اور امام محمدؒ کی کتابوں کو دیکھنے سے بھی قاصر تھے، اس کے علاوہ بھی ہندوستان کے اہل علم نے اس پر خصوصی توجہ دی ہے، جب حدیث و فقہ کی اہم کتابیں عالم اسلام میں ناپید تھیں، اس وقت ہندوستان میں بعض قیمتی مخطوطات طبع ہوئے اور ہندوستان کے اصحابِ ذوق نے اہم ترین علمی ذخائر کو اہل علم کی بارگاہ تک پہنچایا، اس سلسلہ میں ماضی قریب کی شخصیتوں میں ڈاکٹر حمید اللہ صاحبؒ، مولانا ابوالوفاء افغانیؒ، مولانا مہدی حسن شاہجہاں پوری، مولانا حبیب الرحمٰن اعظمی وغیرہ کے نام خصوصیت سے قابل ذکر ہیں۔

ابھی بھی بے شمار مخطوطات ہیں جو منظر عام پر نہیں آپائے ہیں، اسی طرح بعض مخطوطات وہ ہیں جو اگرچہ طبع ہوئے ہیں؛ لیکن ان میں اغلاط کی کثرت ہے، نصوص کی تصحیح پر توجہ کم دی گئی ہے، بعض کتابیں جن مصنفین کی طرف منسوب کر کے شائع کی گئی ہیں، علماء کے نزدیک اس کی نسبت بجائے خود مشکوک ہے؛ اس لئے ضرورت ہے کہ ہندوستان میں علمی و تحقیقی اکیڈمیاں اور اعلیٰ دینی تعلیمی درسگاہیں اس اہم خدمت کی طرف متوجہ ہوں۔

حضرات! المعهد العالی الاسلامی حیدرآباد، جس کے قیام پر بارہ سال کا عرصہ گزر چکا ہے، اس کا مقصد صرف تعلیم و تعلم ہی نہیں؛ بلکہ بحث و تحقیق اور برادران وطن میں دعوت اسلام اور اس کی تربیت بھی ہے؛ چنانچہ اب تک ۱۴۹ رموضوعات پر یہاں زیر تربیت فضلاء نے کام کیا ہے، جن میں سے عربی و اُردو میں ۴۰ مقالات طبع ہو چکے ہیں، اور کام لیتے ہوئے چند جہتوں کو خاص طور پر ملحوظ رکھا گیا ہے، اول یہ کہ ایسے نئے مسائل پر ان سے کام کرایا جائے، جس کی موجودہ دور میں ضرورت ہے، دوسرے: ان موضوعات کا انتخاب کیا جائے جو اہل علم کے لئے نفع بخش ہیں، تیسرے: سلف کے وہ علوم جو مخطوطات کی شکل میں محفوظ ہیں، ان پر تعلیق و تحقیق؛ تاکہ وہ اہل علم کے لئے لائق استفادہ

ہوسکیں ؛ چنانچہ ''الأدلۃ الشریعۃ علی مذہب أبی حنیفۃ ، الفوائد الظہیریۃ ، فتاویٰ سراجیہ ، فتاویٰ غیاثیہ ، تفسیرات أحمدیۃ ، الکافی للشہید ، مختصر شرح معانی الآثار لابن رشد المالکی'' پر اس وقت کام چل رہا ہے ، اور شعبۂ حدیث میں تحقیق کے کام کے لئے ڈاکٹر حمید اللہؒ چیئر اور فقہ میں قاضی مجاہد الاسلام قاسمیؒ چیئر قائم ہے ، اس سال شعبۂ تحقیق کو مستقل حیثیت دیتے ہوئے اس کو ایک علاحدہ شعبہ کی حیثیت سے قائم کیا جارہا ہے ، یہ شعبہ ابتداءً چھ رفقا پر مشتمل ہوگا ، اسی مناسبت سے اس ورکشاپ کا انعقاد عمل میں آرہا ہے ؛ تاکہ اس کام کے لئے افراد کار تیار ہوسکیں اور علماء ایک پیشہ کے طور پر نہیں ؛ بلکہ اپنے سلف کی طرح ایک عبادت کے طور پر اسے انجام دیں ، اگرچہ اس بات کا بخوبی اندازہ ہے کہ کام کی وسعت کے لحاظ سے یہ ایک حقیر کوشش ہے ؛ لیکن انسان اپنی صلاحیت کے مطابق کوشش کرنے کا مکلف ہے ، ایک ایک اینٹ کے جڑنے سے دیوار وجود میں آتی ہے اور ایک ایک قطرہ مل کر سمندر بنتا ہے ، کیا عجب ہے کہ اللہ تعالیٰ اِس معمولی سی کوشش کو اِس طرف لوگوں کے متوجہ ہونے کا ذریعہ بنادے ۔ **وما ذالک علی اللہ بعزیز.**

اخیر میں اپنے ان مہمانوں کا شکر گزار ہوں ، جن کی تشریف آوری نے آج کے اس اجلاس کی رونق کو بڑھایا ہے ، خاص کر محبّ گرامی مولانا نور الحسن راشد کاندھلوی صاحب ، پروفیسر اختر الواسع صاحب ، پروفیسر محسن عثمانی صاحب ، پروفیسر سید جہانگیر صاحب ، پروفیسر عبد المعز صاحب اور ڈاکٹر فہیم اختر ندوی صاحب کا ، جن کی آمد نے اس پروگرام کی وقعت میں اضافہ کیا ہے ، دُعاء ہے کہ اللہ تعالیٰ معہد کو اس کے بلند ، وسیع مقاصد میں کامیاب فرمائے اور اسے دین کی دعوت وتحقیق کا اور حفاظت واشاعت کا مرکز بنادے ۔ آمین

○ ○ ○

موسوعہ فقہیہ اور اس کا اُردو ترجمہ ☆

الحمد لله رب العالمين والصلوٰة والسلام علىٰ سيد المرسلين وعلىٰ آلهٖ وصحبه أجمعين ومن تبعهم بإحسان إلىٰ يوم الدين .

بزرگانِ محترم، صدر عالی قدر! یہ ایک حقیقت ہے کہ اسلامی علوم میں فقہ کو خصوصی اہمیت حاصل ہے، ایک طرف اس کا مصدر ومنبع کتاب اللہ اور سنت رسول ہے اور پورا فقہی ذخیرہ براہ راست یا بالواسطہ اس سے ماخوذ ہے، جو علم صحیح ومعصوم کا سب سے اہم ذریعہ ہے، دوسری طرف یہ پوری طرح انسانی زندگی سے مربوط ہے اور دنیا میں آنے سے لے کر جانے تک زندگی کے ایک ایک لمحہ اور انسان کی متنوع حیات مستعار کے ایک ایک گوشہ میں رہنمائی کرتا ہے، اس لئے ہر دور میں فقہ اسلامی اپنے عہد کی عظیم علمی شخصیتوں کی توجہ کا مرکز رہا ہے۔

موجودہ دور چوں کہ صنعتی ترقی، وسائل ابلاغ اور ذرائع مواصلات کے فروغ اور نئے افکار ونظریات کے ظہور کا دور ہے اور ان ترقیات کی وجہ سے پوری دنیا ایک گاؤں میں تبدیل ہو چکی ہے؛ اس لئے نئے مسائل کے پیدا ہونے کی رفتار گذشتہ صدیوں کے مقابلہ کہیں تیز ہے، فقہاء ہی ان مسائل کا حل پیش کر سکتے ہیں اور مسلمانوں کی رہنمائی کر سکتے ہیں کہ وہ بدلے ہوئے حالات میں کس طرح اپنے مسائل پر احکام شریعت کو منطبق کریں؟ اس لئے عصر حاضر میں بھی فقہ اسلامی کو علماء ومحققین کی خصوصی توجہ حاصل رہی ہے۔

اس دور میں جو فقہی خدمات انجام دی گئیں ہیں، ان کو ہم بنیادی طور پر تین زمروں میں تقسیم کر سکتے ہیں: منہج فقہ، اُصولِ فقہ اور احکامِ فقہ —— فقہی منہج کے سلسلہ میں دو باتیں خاص طور پر قابل لحاظ ہیں :

الف : رسول اللہ ﷺ نے احکام شریعت پر غور کرنے کا انفرادی طریقہ بھی بتایا اور اجتماعی بھی، انفرادی اجتہاد کی اصل وہ حدیث ہے، جو حضرت معاذ ؓ کو یمن بھیجے جانے کے واقعہ سے متعلق ہے :

إن رسول الله صلى الله عليه وسلم لما أراد أن يبعث معاذاً إلى اليمن

☆ تعارفی کلمات جو بہ موقع تقریب رسم اجراءِ اُردو ترجمہ موسوعہ فقہیہ پیش کئے گئے۔

قال : (كيف تقضي إذا عرض لك قضاء) ، قال : اقضى بكتاب الله ، قال : (فإن لم تجد في كتاب الله ؟) قال : فبسنة رسول الله صلى الله عليه وسلم ، قال : (فإن لم تجد في سنة رسول الله صلى الله عليه وسلم ولا في كتاب الله ؟) قال : أجتهد برأيي ولا آلو ، فضرب رسول الله صلى الله عليه وسلم صدره فقال : (الحمد لله الذي وفق رسول رسول الله صلى الله عليه وسلم لما يرضي رسول الله) . (۱)

اوراجتماعی اجتہاد کی نظیر حضرت علی رضی اللہ عنہ کی یہ روایت ہے :

قلت : يا رسول الله صلى الله عليه وسلم إن نزل بنا أمر ليس فيه بيان أمر ولا نهي ، فما تأمرنا ؟ قال : تشاوروا الفقهاء والعابدين ولا تمضوا فيه رأي خاصة ، رواه الطبراني في المعجم الأوسط ، ووثق رواته الهيثمي وقال : رجاله موثقون من أهل الصحيح . (۲)

صحابہ میں حضرت عمر رضی اللہ عنہ نے ، تابعین میں مدینہ کے فقہاء سبعہ نے اور ائمہ متبوعین میں امام ابوحنیفہؒ نے خاص طور پر اس منہج کو اختیار کیا ، موجودہ دور میں علم وتحقیق کے میدان میں کم حوصلگی ، ورع وتقویٰ اور خشیتِ الٰہی میں کمی اور صورت مسئلہ سے علماء شریعت کی اس بناء پر کم آگہی —— کہ وہ جدید سائنسی تحقیق سے متعلق ہیں —— کی وجہ سے اجتماعی طریقہ اجتہاد ہی محفوظ اور آسان راستہ ہے ، اس لئے اس دور میں نئے مسائل کی بابت اجتماعی اجتہاد کی طرف رجحان بڑھا ہے ؛ اسی پس منظر میں عالم اسلام میں بھی اور غیر مسلم اکثریت ممالک میں بھی مجامع فقہیہ قائم کی گئی ہیں ، انھیں میں سے ایک ''اسلامک فقہ اکیڈمی انڈیا'' بھی ہے ۔

ب : دوسرا اہم رجحان تقلید کے باوجود حسبِ ضرورت مختلف دبستانِ فقہ سے استفادہ کا ہے ؛ کیوں کہ اس دور میں جو مسائل پیدا ہوئے ہیں ، کسی ایک فقہ کے دائرہ میں رہتے ہوئے ان کو حل کرنا دشوار ہے ؛ اس لئے ہندوستان اور اس جیسے ممالک جہاں اُمت اسلامیہ کا تعامل تقلید پر ہے اور جہاں علماء اور اصحابِ فکر بجا طور پر اسے دین پر چلنے کا محفوظ طریقہ سمجھتے ہیں ، وہاں بھی ایک دبستانِ فقہ سے وابستگی کے باوجود دوسرے مکاتب فقہ سے

(۱) أبوداود ، حدیث نمبر :۳۵۹۲ ، باب اجتهاد الرأي في القضاء ، نیز دیکھئے : سنن ترمذي ، باب ماجاء في القاضي كيف يقضي ؟ حدیث نمبر :۱۳۲۔

(۲) مجمع الزوائد :۱/۱۷۸۔

استفادہ کا رجحان بڑھا ہے؛ کیوں کہ تمام فقہاء سلف کے اجتہادات شریعت ہی کے دائرہ میں ہیں اور ایک فقہ سے دوسری فقہ کی طرف عدول ''ہجرت من الدین إلی الدین'' ہے نہ کہ ''ہجرت من الدین إلی الدنیا''، اسی لئے اس دور میں فقہ مقارن پر متعدد اعلیٰ درجے کی تصنیفات بھی منظر عام پر آئی ہیں۔

فقہی اُصول وقواعد کے سلسلہ میں دو کام بڑے اہم ہوتے ہیں :

الف : تقعید — یعنی فقہی قواعد سازی، قواعد فقہ کا موضوع ویسے بہت قدیم ہے، احادیث وآثار میں بھی بعض قواعد ہیں، امام محمد اور امام شافعی کی کتابوں میں بھی بہت سے قواعد مل جاتے ہیں اور چوتھی صدی ہجری اور اس کے بعد اس فن پر درجنوں کتابیں لکھی گئی ہیں؛ لیکن موجودہ دور میں فقہی قواعد وضوابط کے استقراء اور تتبع کی جو کاوشیں ہورہی ہیں، وہ قواعد فقہیہ کی تاریخ کا ایک روشن باب ہے، جس میں مختلف فقہی ابواب سے متعلق قواعد کو جمع کرنے، کتاب وسنت سے ان کی اصل تلاش کرنے اور فقہاء کے اجتہادات کی روشنی میں یہ متعین کرنے کی کوشش کی جارہی ہے کہ کن کن ابواب میں یہ قاعدہ قابل عمل ہے؟ نیز نئے مسائل کے حل میں ان سے مدد لینے کا عمومی رجحان پیدا ہوا ہے، اس سلسلہ میں ''مجمع الفقہ الاسلامی الدولی، جدہ'' کے زیر نگرانی جو کام ہورہا ہے، وہ بہت ہی قابل تحسین ہے اور جب یہ کام مکمل ہوگا تو اپنے موضوع پر انشاء اللہ ایک انسائیکلوپیڈیا ہوگا۔

ب : دوسرا اہم کام ''مقاصدِ شریعت'' سے متعلق اُصول کی تنقیح وتوضیح کا ہے، یوں تو مقاصدِ شریعت کا ذکر امام غزالیؒ، امام الحرمینؒ، علامہ عزالدین ابن عبدالسلامؒ وغیرہ نے بھی کیا ہے اور متاخرین میں علامہ ابواسحٰق شاطبیؒ نے اس پر نہایت بصیرت مندانہ اور چشم کشا گفتگو کی ہے اور کہا جاسکتا ہے کہ انھوں نے شریعت کے مقاصد ومصالح کو منقح کر کے غور وفکر کا ایک نیا راستہ لوگوں کو دکھایا ہے؛ لیکن موجودہ دور میں مقاصدِ شریعت پر خصوصی توجہ دی گئی ہے؛ بلکہ اسے ایک مستقل علم کی حیثیت سے متعارف کرایا جارہا ہے؛ اگرچہ یہ بات قابل غور ہے کہ کیا محض مقاصد کو سامنے رکھ کر فتاویٰ دیئے جاسکتے ہیں اور یہ کہنا مداہنت ہوگا کہ ''مقاصد شریعت'' کو سامنے رکھتے ہوئے بعض اہل علم کی طرف سے جو اجتہادات سامنے آرہے ہیں، وہ سب کے سب قابل قبول ہیں؛ لیکن بہرحال شریعت اسلامی کی منطقیت، اس کی عقل وفطرت سے ہم آہنگی اور شریعت کے مزاج ومذاق کو سمجھنے کے لئے ان اُصولوں کی بڑی اہمیت ہے۔

احکامِ فقہ کے سلسلہ میں ایک کام تو اجتہاد واستنباط کا ہوا ہے، اور وہ ہے اس دور میں پیدا ہونے والے نئے معاشی اور سیاسی اداروں کے اسلامی متبادل کی تلاش، جیسے: اسلامک بینکنگ، اسلامی تکافل، اسلامی اسٹاک ایکسچینج یا موجودہ جمہوری نظام کو اسلام کے سیاسی احکام سے ہم آہنگ کرنے کی کوشش وغیرہ۔

دوسرا کام جمع وترتیب اور تعبیر وتسہیل کا ہے، اس نقطۂ نظر سے تین طرح کے کام ہورہے ہیں: تقنین، تسہیل اور موسوعات کی تیاری۔

''تقنین'' سے مراد احکام شریعت کو دفعہ وار طریقہ پر مرتب کرنا ہے، اس کام کی ابتداء غالباً خلافت عثمانیہ کے ''مجلة الأحكام العدلية'' سے ہوئی، اس کے بعد موجودہ دور میں مختلف حکومتوں نے سرکاری سطح پر اور شخصیتوں نے انفرادی سطح پر اس کام کو انجام دینے کی کوشش کی ہے، ہندوستان میں مسلم پرسنل لا بورڈ کے تحت ''مجموعۂ قوانین اسلامی'' کے نام سے مسلم پرسنل لا کے ضمن میں آنے والے مسائل کی دفعہ وار ترتیب بھی اس سلسلہ کی ایک اہم اور قابل ذکر خدمت ہے۔

دوسرا کام فقہی مضامین کی تسہیل وتیسیر کا ہوا ہے، اور مختلف کتابیں ''الفقه الميسر'' یا ''الفقه المنهجی'' کے نام سے یا کسی اور عنوان سے تالیف کی گئی ہیں اور انھیں قبولیت حاصل ہو رہی ہے۔

تیسرا کام جو بعض پہلوؤں سے ان تمام کاموں سے زیادہ اہم ہے، وہ ہے موسوعات کی ترتیب کا رجحان —— اس وقت مختلف اسلامی علوم میں موسوعات کی تیاری کا کام چل رہا ہے، انفرادی طور پر بھی اس طرح کی خدمت انجام دی جا رہی ہے، میرا خیال ہے کہ ایسی انفرادی کوششوں میں ڈاکٹر رواس قلعجی کی کاوشیں خاص طور پر قابل تحسین ہیں کہ ان کے ذریعہ بعض ان فقہاء کی خدمات بھی زندہ ہوئی ہیں، جن کی فقہ ناپید ہو چکی تھی اور جن کی آراء مختلف کتابوں میں بکھری ہوئی تھیں، اس اہم کام کو اس کی شان کے مطابق انجام دینے کے لئے اجتماعی کاوشیں بھی ہو رہی ہیں اور اس سلسلہ میں سب سے بڑا کام ؛ بلکہ کارنامہ وزارت اوقاف کویت کے زیر نگرانی مرتب ہونے والی ''موسوعہ فقہیہ'' ہے، جس کو اس صدی کی سب سے بڑی فقہی خدمت قرار دیا جا سکتا ہے اور جس کی ترتیب وتبویب میں عالم اسلام کے جلیل القدر اور عمیق النظر فقہاء شامل رہے ہیں۔

میرے حقیر مطالعہ کے مطابق اس موسوعہ کی درج ذیل خصوصیات خاص طور پر قابل ذکر ہیں :

۱- اس کی ترتیب حروف تہجی پر ہے، اس لئے اگر مطلوبہ کلمہ یا اس کا مادہ معلوم ہو، تو بآسانی مطلوبہ مواد تلاش کیا جا سکتا ہے۔

۲- فقہ کی بعض کتابوں کی عبارتیں بہت دقیق اور مغلق ہیں، فقہ مالکی کی بہت سے تصنیفات اور فقہ حنفی کی بعض متون کا خاص طور پر اس سلسلہ میں ذکر کیا جا سکتا ہے، موسوعہ فقہیہ میں عبارت کو حتی المقدور سہل اور آسان رکھنے کی کوشش کی گئی ہے اور بعض مشکل مسائل کو بھی آسان تعبیر میں پیش کیا گیا ہے۔

۳- اس کی ایک اہم خصوصیت اس کی جامعیت ہے، ہر لفظ کے تحت اس کے لغوی معنی، اصطلاحی تعریف، قریب المعنی اصطلاحات کے درمیان فرق سے لے کر اس لفظ کے ذیل میں آنے والی زیادہ سے زیادہ جزئیات کا احاطہ کرنے کی کوشش کی گئی ہے۔

۴- اہل سنت والجماعت کے چاروں دبستانِ فقہ —— حنفی، مالکی، شافعی، حنبلی —— کے نقاطِ نظر اور ان کے

دلائل کو انصاف کے ساتھ پیش کیا گیا ہے، تمام آراء کا احترام ملحوظ رکھا گیا ہے اور فقہی تعصبات سے اوپر اُٹھ کر گفتگو کی گئی ہے۔

۵- تمام فقہاء کی آراء خود ان مذاہب کے مستند مراجع سے نقل کی گئی ہیں ؛ کیوں کہ ایک دبستانِ فقہ سے وابستہ لوگ جب دوسرے دبستانِ فقہ کی آراء کو نقل کرتے ہیں تو بھول چوک کا امکان ہوتا ہے ، یا وہ مذہب کے غیر راجح قول کو راجح سمجھ کر نقل کر دیتے ہیں ، پھر مرتبین نے اس بات کا بھی اہتمام کیا ہے کہ کسی مسئلہ کے نقل کرنے میں ایک ہی کتاب پر اکتفاء نہیں کیا جائے ؛ بلکہ متعدد مراجع سے استفادہ کیا گیا ہے اور اگر مشائخ مذہب کے درمیان قولِ مستند کے سلسلہ میں اختلاف ہو تو اس پر بھی روشنی ڈالی گئی ہے ، نیز احادیث وآثار کو بھی اصل مراجع سے نقل کرنے کا اہتمام کیا گیا ہے ، اس طرح یہ کتاب دستاویزی حیثیت کی حامل ہوگئی ہے اور فقہاء کے لئے ایک مستند مرجع کا درجہ رکھتی ہے۔

۶- یہ بات بھی قابل ذکر ہے کہ حالاں کہ اس موسوعہ کی ترتیب میں بہت سے اہل علم شامل رہے ہیں ؛ لیکن منہج میں بڑی حد تک یکسانیت پائی جاتی ہے ، جس سے اندازہ ہوتا ہے کہ تدوین کمیٹی نے لکھنے والوں کے لئے ایک منہج متعین کر کے کام کرایا ہوگا۔

۷- فقروں پر نمبر اندازی کی گئی ہے ، اس کی وجہ سے مسائل کے تلاش کرنے اور ان کا حوالہ دینے میں سہولت ہوتی ہے۔

۸- اس بات کا بھی اہتمام کیا گیا ہے کہ ہر جلد کے ساتھ ان شخصیات کے تراجم بھی تحریر کر دیئے جائیں ، جن کا اس جلد میں ذکر آیا ہے ، اس سے قارئین کو بڑی سہولت حاصل ہوتی ہے کہ انھیں فقہاء کے احوال جاننے کے لئے کسی اور کتاب سے مراجعت کی ضرورت نہیں رہتی اور مختلف عہد کے فقہاء کے نقاطِ نظر میں کیا اختلاف پایا جاتا ہے؟ آسانی سے اس کا تجزیہ کیا جا سکتا ہے۔

۹- اتنی وسیع الاطراف اور حروف تہجی کی ترتیب پر مرتب ہونے والی کتاب میں تکرار کا پایا جانا فطری بات ہے ؛ کیوں کہ بہت سی اصطلاحات متداخل ، اور بہت سے مضامین ایک دوسرے سے مربوط ہیں ؛ لیکن اس کتاب میں بڑی حد تک تکرار سے بچنے کی کوشش کی گئی ہے اور اسی لئے یہ طریقہ اختیار کیا گیا ہے کہ مترادف اور متقارب الفاظ کے حوالہ دیئے جانے پر اکتفاء کیا جاتا ہے اور ایک ہی جگہ شرح وبسط سے گفتگو کی جاتی ہے۔

۱۰- کتاب کی کتابت اور طباعت میں بھی اعلیٰ معیار کو ملحوظ رکھا گیا ہے ، علمی اور تحقیقی کتابوں کے شایانِ شان صفحات کے سائز ہیں ، آسانی کے لئے ان کو دو کالمی رکھا گیا ہے ، متن اور حاشیہ کے حروف کے حجم میں فرق رکھتے ہوئے ایسا سائز منتخب کیا گیا ہے کہ پڑھنے والوں کو دشواری نہ ہو ، نیز مرکزی عنوان ، ذیلی عنوان ، متن

اور حاشیہ کے حروف کے سائز پوری کتاب میں یکساں رکھے گئے ہیں۔

واقعہ ہے کہ یہ کتاب اپنی جامعیت ، استناد و اعتبار اور اُسلوب و بیان کے اعتبار سے اس حقیر کی رائے میں اس صدی کا سب سے بڑا فقہی کارنامہ ہے، اس کتاب میں اُصولِ فقہ کے مباحث نہیں آئے ہیں اور اس کے لئے مستقل طور پر — جیسا کہ معلوم ہوا ہے — ''الملحق الأصولي'' کی ترتیب کا کام جاری ہے، اس کے مکمل ہونے کے بعد انشاء اللہ اس کی افادیت اور جامعیت میں مزید اضافہ ہو جائے گا، اور جب بھی اس عہد کی علمی و فقہی خدمات کی تاریخ لکھی جائے گی ، اس موسوعہ کے ذکر کے بغیر وہ ادھوری ہوگی ، اس سلسلہ میں وزارت اوقاف کویت کا جس قدر شکریہ ادا کیا جائے کم ہے اور خود مملکت کویت کا بھی ، کہ کویت حجم کے اعتبار سے چھوٹا ملک ہے؛ لیکن اسلامی علوم کی نشر و اشاعت اور اسلامی کاز کی تائید و تقویت کے اعتبار سے اس کی خدمات بہت ہی وسیع ہیں۔

اس کتاب کی اہمیت اور افادیت کا تقاضہ ہے کہ مختلف زبانوں میں اس کا ترجمہ ہو، برصغیر کے لوگوں کے لئے خوشی کی بات ہے کہ سب سے پہلے اس کا ترجمہ اُردو زبان میں ہوا ہے ، اُردو زبان دنیا میں سب سے زیادہ بولی جانے والی چھ زبانوں میں سے ایک ہے، اس زبان کی خصوصیت یہ ہے کہ یہ مسلمانوں کی گود میں پیدا ہوئی ہے، یوں تو اس میں دنیا کی مختلف زبانوں کے الفاظ موجود ہیں ؛ لیکن سب سے زیادہ عربی ، فارسی اور ہندی کے الفاظ ہیں ، ایک صاحبِ نظر عالم کے تجزیہ کے مطابق تقریباً ساٹھ فیصد قرآنی الفاظ اپنی اصل صورت میں یا تبدیلی کے ساتھ اُردو میں شامل ہیں ، بہت سی اسلامی تعبیرات اُردو زبان کا جزو لاینفک بن گئی ہیں ، یہی وجہ ہے کہ اُردو کے غیر مسلم ادباء بھی ''سبحان اللہ ، ماشاء اللہ اور الحمد للہ وغیرہ'' کہے بغیر اپنی بات پوری نہیں کر پاتے ، حمد و نعت اُردو شاعری کی مستقل صنفیں مانی گئی ہیں، جن میں اللہ تعالیٰ کی تعریف اور رسول ﷺ کی توصیف کی جاتی ہے، اُردو زبان کی پہلی نثر ''معراج العاشقین'' کو قرار دیا جاتا ہے ، جو تصوف کے موضوع پر خواجہ گیسو درازؒ کی تصنیف ہے، اور اُردو کے پہلے صاحبِ دیوان شاعر ولی دکنی ہیں ، جو ایک صوفی شاعر تھے ، اور جن کے اشعار میں اسلامی تعلیمات اور اخلاقیات رچی بسی ہیں ، غرض کہ اُردو کے روز پیدائش سے ہی اسلام سے اس کا رشتہ قائم ہے، اس نے علامہ اقبال جیسا شاعر دنیا کو دیا ہے، اسی زبان میں قرآن مجید کے سب سے زیادہ ترجمے پائے جاتے ہیں اور اُردو کے بالکل ابتدائی دور میں ہمیں سید شاہ مراد اللہ سنبھلی کی ''تفسیر مرادیہ'' ملتی ہے، اس وقت برصغیر میں تقریباً ۳۵ کروڑ مسلمانوں کی زبان اُردو ہے، اس کے علاوہ یورپ ، امریکہ اور مختلف علاقوں میں اُردو بولنے والے مسلمانوں کی کثیر تعداد بستی ہے ، اگر اس لحاظ سے دیکھا جائے تو شاید مسلمانوں میں سب سے زیادہ بولی جانے والی زبان ''اُردو'' ہی ہوگی۔

اس لئے اس زبان کا حق تھا کہ اس عظیم الشان کتاب کے ترجمہ میں اس کو اولیت حاصل ہو؛ چنانچہ اسلامک فقہ اکیڈمی انڈیا وزارت اوقاف کویت کی بے حد شکر گذار ہے کہ اسے اس موسوعہ کے اُردو ترجمہ کا موقع دیا گیا

اور اکیڈمی نے بھی پورے اہتمام اور دقت نظر کے ساتھ اس فریضہ کو انجام دیا، جواب اپنے آخری مرحلہ میں ہے، اکیڈمی نے اس ترجمہ میں جن اُمور کو ملحوظ رکھا ہے اور جو اہتمام کیا ہے، ان کا تذکرہ بھی مناسب ہوگا :

الف : ترجمہ ایک مشکل فن ہے ؛ بلکہ بعض دفعہ ترجمہ کا کام اصل تالیف سے زیادہ مشکل ہوجاتا ہے ؛ کیوں کہ مؤلف اظہار و تعبیر میں آزاد ہوتا ہے اور مترجم مؤلف کی تعبیر کا پابند، ترجمہ کے لئے ضروری ہے کہ وہ دونوں زبانوں کے محاورات اور اسالیب بیان سے اچھی طرح واقف ہو، چنانچہ مترجم کا انتخاب کرتے ہوئے اکیڈمی نے اس بات کو خاص طور پر ملحوظ رکھا ہے۔

ب : کتاب جس موضوع کی ہو، ضروری ہے کہ مترجم اس موضوع اور فن سے مناسبت رکھتا ہو ؛ تاکہ اصطلاحات و استعارات کے مفاہیم درست طریقہ پر متعین کرسکے، اسی لئے موسوعہ کے ترجمہ کے لئے اکیڈمی نے عام طور پر فقہ کے اساتذہ اور افتاء وقضاء سے مربوط شخصیتوں کا انتخاب کیا اور انھیں سے یہ خدمت لی۔

ج : اس بات کی بھی کوشش کی گئی ہے کہ ترجمہ میں برجستگی باقی رہے، ترجمہ پن پیدا نہ ہو، اور ممکن حد تک سہل و عام فہم زبان استعمال کی جائے، جملوں کی ترکیب اُردو زبان کے مزاج کے مطابق ہو اور رموزِ تحریر کی پوری پوری رعایت رکھی جائے۔

د : فقہی اصطلاحات کو اصل شکل میں باقی رکھنے کی کوشش کی گئی ہے، ترجمہ کرتے ہوئے ایسی تعبیرات اختیار کی گئی ہیں کہ فقہی حدود و قیود سے تجاوز نہ ہوجائے۔

ان تمام اُمور کی رعایت ملحوظ رکھنے کے لئے ترجمہ کے کام کو پانچ مراحل پر تقسیم کیا گیا تھا :

۱- پہلا مرحلہ مترجمین کی تعیین کا تھا، اس کے لئے پورے ملک سے کہنہ مشق اور باصلاحیت فضلاء سے ترجمہ کے نمونے طلب کئے گئے اور ایک کمیٹی نے اصل اور ترجمہ کا تقابل کرکے مترجمین کا انتخاب کیا۔

۲- پھر مختلف افراد کو مختلف جلدوں کے ترجمہ کی ذمہ داری سونپی گئی، ترجمہ اور رموزِ تحریر کے استعمال کے سلسلہ میں ایک تفصیلی ہدایت نامہ مرتب کرکے انھیں بھیجا گیا اور اس کی روشنی میں ان حضرات نے ترجمہ کیا اور اگر کہیں موسوعہ کی عبارت سمجھنے میں دقت ہوئی تو اصل مراجع —— جن کا حوالہ دیا گیا تھا —— سے بھی مراجعت کی گئی۔

۳- ترجمہ کے بعد ایک اور فاضل کو —— جو نسبتاً زیادہ تجربہ رکھتے تھے —— اس پر نظر ثانی کی ذمہ داری دی گئی اور ان سے کہا گیا کہ وہ صرف ترجمہ کی عبارت دیکھنے اور اس کے نوک و پلک درست کرنے پر اکتفاء نہ کریں ؛ بلکہ اصل عبارت سے بھی تقابل کریں۔

۴- اس کے بعد نظر نہائی کی ذمہ داری ایسے افراد کو سونپی گئی، جو تالیف و ترجمہ میں زیادہ فائق و بااعتماد ہوں، ان سے کہا گیا کہ وہ نظر ثانی شدہ ترجمہ کو اصل سے ملائیں اور اپنے ساتھ ایک اور معاون کو رکھیں اور دونوں

مل کر نظر ڈالیں؛ تاکہ زیادہ بہتر طور پر کام ہو سکے اور فنی ولسانی فرد گذاشتیں نظر انداز نہ ہو جائیں۔

۵- ان مراحل سے گذرنے کے بعد ترجمہ وزارت اوقاف کویت کو بھیجا جاتا ہے، انھوں نے اپنے یہاں دو تین اُردو داں اصحابِ نظر علماء کی کمیٹی رکھی ہے، جو اس پورے کام کا ناقدانہ جائزہ لیتی ہے اور حرف حرف پڑھ کر اپنے ''ملاحظات'' لکھتی ہے، پھر اس کے مطابق ترجمہ کی تصحیح کی جاتی ہے۔

اس طرح ان مراحل سے گذر کر اس ترجمہ کو قابل طباعت سمجھا جاتا ہے۔

یہ بات بھی قابل ذکر ہے کہ موسوعہ کی کمپوزنگ کا کام عام اُردو خواں حضرات سے نہیں لیا گیا ہے؛ بلکہ ایسے حضرات سے لیا گیا ہے، جو فقہی اصطلاحات، شخصیات، تعبیرات اور کتابوں کے ناموں سے ایک گونہ مانوس ہوں، اس لئے پوری کمپوزنگ اکیڈمی کے دفتر میں کرائی گئی ہے اور کمپوزنگ کے لئے بھی اُردو خط کے جدید ترین پروگرام سے فائدہ اُٹھایا گیا ہے۔

پھر یہ بھی کوشش کی گئی ہے کہ حروف کے حجم، صفحات کے سائز وغیرہ بالکل اصل کے مطابق ہوں، جہاں اکیڈمی نے ترجمہ کا کام کرایا ہے اور وہ اس کی علمی نگرانی کر رہی ہے، وہیں ''جینوین'' کو ایک تفصیلی معاہدہ کے تحت اس کی طباعت کی ذمہ داری سونپی گئی ہے، جس نے کتاب کے سرورق کا ڈیزائن اور کاغذ اور طباعت کا معیار اصل کے مطابق یا اس کے قریب رکھنے کی کوشش کی ہے۔

اس موقع پر ہمیں بے ساختہ اکیڈمی کے بانی حضرت مولانا قاضی مجاہد الاسلام قاسمیؒ کی یاد آتی ہے، جنھوں نے اس اہم علمی پراجکٹ پر توجہ کی، وزارت اوقاف سے اس کی منظوری حاصل فرمائی، مترجمین کا انتخاب کیا، بعض جلدوں پر خود نظر نہائی کی اور ان کی زندگی میں کئی جلدوں کا ترجمہ ہوا، نیز متعدد جلدوں پر نظر ثانی اور نظر نہائی کا کام مکمل ہو گیا، یہ ان کے اخلاص کی برکت ہے کہ ان کی وفات کے بعد بھی کسی وقفہ کے بغیر یہ عظیم علمی خدمت کا سلسلہ جاری رہا، اگر وہ اپنی آنکھوں سے اس کا مطبوعہ نسخہ دیکھتے تو یقیناً بے حد خوش ہوتے؛ لیکن ہمیں اُمید ہے کہ یہ عظیم فقہی خدمت ان کے لئے بہترین صدقۂ جاریہ ہوگی اور اگر ہاتف غیبی نے آج کی اس تقریب کی خبر اللہ کی قدرت سے ان کو پہنچائی ہو تو یقیناً ان کی روح بے حد مسرور و شاد کام ہوئی ہوگی۔

اخیر میں ہم اللہ تعالیٰ کا شکر ادا کرتے ہیں کہ بہ قول امجد حیدر آبادی:

جو کچھ ہوا ہے، ہوا ہے کرم سے تیرے
جو بھی ہوگا، تیرے کرم سے ہوگا

اکیڈمی، مسلمانانِ ہند اور پوری دنیا میں اُردو بولنے والے مسلمانوں کی طرف سے وزارت اوقاف کویت کا

شکر یہ ادا کرتی ہے، ان کی خدمت میں جذبۂ سپاس پیش کرتی ہے، نیز ان تمام لوگوں کی بھی شکر گذار ہے، جنھوں نے کسی بھی جہت سے اس کام میں تعاون کیا ہے اور حصہ لیا ہے، اخیر میں دُعاء ہے کہ اللہ تعالیٰ اس خدمت کو قبول فرمائے اور اکیڈمی کے کاروانِ علم و تحقیق کو اپنی منزل کی طرف رواں دواں رکھے۔

واللہ هو المستعان .

○ ○ ○